博士文库

我国著作权集体管理制度的困境与出路

——以利益平衡为视角

WOGUO ZHUZUOQUAN JITI GUANLI ZHIDU DE KUNJING YU CHULU

王　华　◎著

知识产权出版社
全国百佳图书出版单位

图书在版编目（CIP）数据

我国著作权集体管理制度的困境与出路：以利益平衡为视角/王华著. —北京：知识产权出版社，2015. 10

ISBN 978-7-5130-3813-3

Ⅰ. ①我… Ⅱ. ①王… Ⅲ. ①著作权—管理—研究—中国 Ⅳ. ①D923. 414

中国版本图书馆 CIP 数据核字（2015）第 228496 号

内容提要

我国有关著作权集体管理的立法起步较晚，实践中则面临诸多来自使用者、甚至权利人和普通社会公众的质疑与非难，常常陷于尴尬与无奈的困境。之所以出现如此局面，既有集体管理制度设计上的缺陷，亦有制度实际运行过程中的偏差。而究其根源，则在于利益平衡这一核心理念的缺失。本书即尝试从利益平衡理念出发，紧密结合《著作权法》第三次修订中有关集体管理制度的规定及其所引发的争议，就该制度的完善提出有价值的建议。

责任编辑：吴晓涛

我国著作权集体管理制度的困境与出路——以利益平衡为视角

WOGUO ZHUZUOQUAN JITI GUANLI ZHIDU DE KUNJING YU CHULU

王 华 著

出版发行：	知识产权出版社 有限责任公司	**网　　址**：	http：//www. ipph. cn
电　　话：	010-82004826		http：//www. laichushu. com
社　　址：	北京市海淀区马甸南村 1 号	**邮　　编**：	100088
责编电话：	010-82000860 转 8533	**责编邮箱**：	sherrywt@ 126. com
发行电话：	010-82000860 转 8101/8102	**发行传真**：	010-82000893/82003279
印　　刷：	北京中献拓方科技发展有限公司	**经　　销**：	各大网上书店、新华书店及相关专业书店
开　　本：	720mm×1000mm　1/16	**印　　张**：	12
版　　次：	2015 年 10 月第 1 版	**印　　次**：	2015 年 10 月第 1 次印刷
字　　数：	177 千字	**定　　价**：	35. 00 元

ISBN 978-7-5130-3813-3

前　言

集体管理制度于法国诞生至今已有数百年的历史，业已形成较为成熟的运作机制。“大多数情况表明，如果作者自己负责管理和保护法律和国际公约为其制定的专有权利，这些权利便可能成为一纸空文。”❶ 而各国实践也不断印证，集体管理比个人管理在成本、效率等方面均更为优越，甚至在作品数量众多、使用者难计其数的场合，为权利人获得回报及使用者便捷接触作品提供了目前为止唯一有效的途径。除此之外，集体管理制度在丰富社会文化产品、提升社会整体文化水平等方面的公共福利职能也日益显现。

值得注意的是，尽管集体管理制度取得了较为普遍的成功，并不意味着该制度的架构已经十分明确且一致。事实上，对于该制度可以发挥何种功能、可以适用于何种领域、权利人与使用者等主体之间法律关系如何设计、该制度如何运作等问题，甚至如何界定集体管理制度，均尚未取得一致的意见。特别是各国集体管理制度，往往因为各自国家在政治体制、社会经济发展水平、知识产权法制建设程度等方面的差异，衍生出各具特色的运作模式，难以形成统一的普适性规则。

制定于1991年的我国《著作权法》最初并未规定集体管理制度，及至2001年第一次修订的《著作权法》中方才首次出现“集体管理”这一表述。而于2005年3月1日起施行的《著作权集体管理条例》（以下简称为《条例》），则成为我国目前有关集体管理制度的基本法律规范。截至目前，我

❶ ［西］德利娅·利普希克：著作权与邻接权，联合国教科文组织中译本，中国对外翻译出版公司，2000年，第318页。

国正式成立的集体管理组织共有五家，[1] 即便是最早成立的中国音乐著作权协会（以下简称为“音著协”）也不过二十余年的历史。

可以说，我国集体管理制度的出现及其发展，一直举步维艰，与立法初衷及社会各界的期待相距甚远。其间，集体管理组织与使用者之间往往各持己见、兴讼频仍，以致矛盾与冲突不断加深；甚至权利人对该制度的运作也持怀疑甚至否定的态度。

2012年3月31日，国家版权局向社会公开《著作权法》修改草案，广泛征求社会各界的意见和建议。其中，有关集体管理制度的专节规定，引发学术界、业界甚至普通公众的激烈争论。在其后的修改草案第二稿、第三稿及送审稿中，有关集体管理制度的规定不断地作出调整，但是争论并未就此平息。如果说在法律移植过程中因“水土不服”而产生某些不适尚属正常，那么集体管理制度在我国遭遇来自各方的如此强烈的质疑与批评，则不能不认真加以审视和思考。换言之，集体管理制度在我国并非一个毫无争议、无须探讨和研究的话题。相反，从利益平衡这一著作权制度的基本理念来看，随着围绕集体管理制度的各方利益分配格局不合理的日益显现，各方的博弈正在加剧，该制度的未来发展仍存在着诸多变数，在诸多方面仍有进一步研究和完善的空间。但无论如何，只有找准集体管理制度现存问题的症结所在，方能为其摆脱困境、实现健康发展开出良方。

本书尝试从利益平衡理念出发，紧密结合《著作权法》第三次修订中有关集体管理制度的规定及其所引发的争议，在解析集体管理制度所涉及主体的利益关系的基础之上，就集体管理组织的性质定位、模式选择等基本制度建构问题展开论证，同时结合我国集体管理制度实践，就使用费的收取与分配，以及集体管理组织在数字化时代的自我发展提出相应的完善措施。

本书共分六章。第一章，明确指出个人利益与公共利益的平衡是著作权

---

[1] 中国音乐著作权协会（1992年12月17日成立）、中国音像著作权集体管理协会（2008年5月28日成立）、中国文字著作权协会（2008年10月24日成立）、中国摄影著作权协会（2008年11月21日成立）、中国电影著作权协会（2010年4月16日成立）。

法利益平衡理念的内核，并在集体管理制度中细化为利益最大化和利益均衡。在利益最大化问题上，借助经济分析方法，从集中行使著作权及标准授权条款所具有的成本优势，解析科斯定理在集体管理制度中的运用；从公共产品理论的视角解读集体管理制度对负外部性的克服。在利益均衡问题上，以集体管理制度下多元化主体格局为切入点，分析权利人、使用者在利益关系上的对立与统一。为避免公共利益的空洞化，将集体管理制度所保障的公众文化需求与文化产业的发展相契合，明确该制度促进公共利益的具体指向。

第二章，重新审视和构建集体管理制度所涉及利益各方的法律关系。以往有关集体管理制度的研究，对主体的关注往往集中于权利人、使用者以及集体管理组织等显性主体，并且对各方法律关系的界定大多拘泥于国外的已有做法，忽视了基于著作权作为私权的基本属性所应当赋予各方当事人的意思自治的权利，忽视了各方当事人的智慧和理性，限制了各方当事人自由意志的表达，从制度设计上不恰当地抑制了集体管理制度的灵活性和多样性。在对传统观点进行反思的基础上，考虑最终使用者等隐性主体的存在，从利益平衡的角度重新确立各方主体的法律关系，明确集体管理组织基于调整利益倾向考虑的中间化发展趋势。

第三章，反思目前集体管理组织的“非营利性”定位与“行政化”倾向所产生的弊端，以消除制约和束缚该制度良性发展的因素为基本考量，一方面，从历史和比较的视角，探寻集体管理组织合理合法的利益诉求，分析营利性在集体管理制度中的存在空间，及其与集体管理组织公益性目标之间的调和；另一方面，深入解析集体管理组织所面临的行政化困局的具体表现及其形成原因。在此基础上定位集体管理组织的性质，以“趋市场化”的理念为指导，将其培育成相对超脱的利益主体，以“去行政化”的理念为指导促使其摆脱对行政机关的依赖，以此作为集体管理组织之正常高效而无争议运转的保障。

第四章，鉴于使用费背后所隐含的各方主体的利益之争已成为质疑集体管理制度的根源，秉持利益平衡的基本理念，试图在使用费的收取与分配上尽可能化解各方可能产生的利益纷争。围绕使用费的收取业务，既从理论探讨层面阐释集体管理组织收费的正当性，以及收费对各方主体利益的影响等问题；又从实务操作层面探讨收费标准的制定主体、制定程序、参考因素以及使用费的收取方式等问题，并尝试引入暂付款和单曲收费等特殊的收费方式。针对使用费的分配业务，在阐述使用费分配的原则及具体模式的基础上，围绕引发争议较多的“管理费”扣除问题，论证消除各方质疑与非难的途径。

第五章，着力从利益平衡的视角分析我国集体管理制度在竞争模式与垄断模式之间的选择。从世界各国集体管理模式来看，呈现出垄断模式和竞争模式并存的局面。垄断模式更有利于实现利益的最大化，而竞争模式则更有利于实现利益的均衡。究竟哪一种模式更加合理，更能发挥集体管理的优势，更能实现集体管理所涉及各方主体之间的利益平衡，并无确切的定论。从我国目前集体管理组织的垄断现状出发，得出垄断模式是我国集体管理制度比较务实的选择这一结论。与此同时，强调应通过去除集体管理制度中的行政性垄断因素，以及引入平行授权等举措，对集体管理制度的垄断模式予以修正，构建我国集体管理的适度垄断模式，以期更好地发挥集体管理制度的积极作用。

第六章，主要阐述集体管理制度在数字化时代的生存与发展问题。数字化时代的技术进步，使得作品的创作方式、传播方式及利用方式均发生了极大的变化，集体管理组织资源配置与维权功能弱化。个人授权模式在数字化时代重新变得可能，网络服务提供商、网络内容提供商以及泛化的终端使用者的出现，不仅挤压了集体管理组织的生存空间，也改变了传统集体管理制度下的利益格局。但上述冲击并非致命性的，在坚持利益平衡理念下，通过对新技术的适应与接受，建设涵盖广泛利益主体的集体管理信息系统，建立以利益平衡为导向的著作权在线交易系统，集体管理制度依然是解决数字化时代著作权海量授权的有效途径。

本书可供从事著作权研究的高等院校师生阅读和使用，同时可为著作权实务工作者等提供有益参考。

王 华
于泉城济南
2015 年 8 月

目 录

第一章 利益平衡是集体管理制度价值目标的集中体现 …………………… 1
第一节 利益平衡在集体管理制度中的展开 …………………………………… 1
一、利益平衡是著作权制度的灵魂 ……………………………………… 1
二、正视和尊重各方利益诉求是完善集体管理制度的前提 ………… 3
三、利益平衡在集体管理制度中表现为利益最大化和利益均衡 ……… 4
第二节 利益最大化——集体管理制度下利益平衡的经济分析 ………… 6
一、集体管理制度下交易成本的降低 …………………………………… 6
二、集体管理制度对负外部性的克服 …………………………………… 9
第三节 利益均衡——多元化主体背景下个体利益之间的对立统一…… 12
一、权利人与使用者之间形式上的利益对立性………………………… 12
二、权利人与使用者之间实质上的利益统一性………………………… 13
三、集体管理制度对权利人和使用者的利益协调……………………… 13
第四节 利益均衡的更高形式——公共利益与个体利益的对立统一…… 14
一、个体利益与公共利益在集体管理制度中的共存…………………… 14
二、集体管理制度下个体利益与公共利益之间的平衡………………… 18

第二章 集体管理制度各方利益主体及其法律关系………………………… 22
第一节 集体管理组织与权利人……………………………………………… 22
一、利益平衡理念下对“信托关系说”的重新审视 …………………… 23
二、授权范围应当是权利人利益自决的结果…………………………… 28
三、谁来维权——兼谈著作人身权在集体管理制度中的存在空间…… 32

四、二者关系的异化——延伸性集体管理与强制性集体管理的出现及评判…………………………………………………………………… 39
五、并非绝对的终结——权利人退出集体管理组织后的关系处理…… 47
第二节　使用者与集体管理组织及权利人…………………………… 48
一、使用者与集体管理组织……………………………………………… 49
二、权利人与使用者……………………………………………………… 54
第三节　中间化趋势——集体管理组织自身利益倾向的调整………… 55
一、矫枉过正——集体管理组织的利益倾向造成的力量失衡………… 55
二、鼓励创作还是鼓励传播——并非两难的选择……………………… 56
三、中间化趋势——集体管理组织在利益平衡理念下的改良………… 57

第三章　集体管理组织的性质定位——相对超脱的利益主体 ………… 59
第一节　“非营利性”并非集体管理组织必须坚守的立场 ………… 59
一、对集体管理组织“非营利性”的基本分析 ……………………… 60
二、营利性与公益性之间的冲突及其调和……………………………… 64
三、纯粹的市场主体定位亦有失偏颇…………………………………… 66
第二节　我国集体管理制度的行政化困局……………………………… 67
一、我国是政府主导型的集体管理制度………………………………… 67
二、行政化困局下的混乱利益格局……………………………………… 71
第三节　相对超脱的利益主体——探寻集体管理组织的利益定位……… 74
一、完全的“去行政化”和适当的“趋市场化”应并行不悖 ……… 74
二、承认集体管理组织为相对独立的利益主体………………………… 78
三、合理的利益分配机制的建立………………………………………… 81

第四章　使用费的收取与分配——利益交汇点及其矛盾化解 ………… 83
第一节　使用费背后的利益之争是各方矛盾的根源…………………… 83
一、集体管理组织收取使用费的正当性解析…………………………… 84

二、使用费对各方主体利益的影响 …… 86
三、本质还原——个人利益、部门利益与公共利益之争 …… 88
第二节 收费标准的制定与实施 …… 90
一、性质的厘清——收费标准并不具有强制性 …… 90
二、收费标准的制定主体 …… 92
三、收费标准制定程序所可能产生的不公及其克服 …… 93
四、制定收费标准所参考的因素 …… 100
五、使用费的收取方式 …… 103
六、特殊的收费制度设计——“暂付款”及“单曲收费” …… 108
第三节 利益的最终实现——使用费的分配 …… 111
一、使用费的分配比收取似乎更引人关注——基于利益平衡的视角 …… 112
二、使用费分配的原则及具体模式 …… 113
三、对集体管理组织“管理费”的反思 …… 114
四、特殊情形下使用费的分配 …… 117

第五章 务实的选择——垄断模式在利益博弈中的胜出 …… 118
第一节 利益平衡视角下对垄断模式与竞争模式的利弊分析 …… 118
一、垄断模式更有利于实现利益的最大化 …… 119
二、竞争模式更有利于实现利益的均衡 …… 120
三、结论：两种模式均没有取代对方的绝对优势 …… 122
第二节 垄断模式是我国集体管理制度比较务实的选择 …… 123
一、我国目前集体管理组织的垄断现状 …… 124
二、垄断模式应以平衡各方利益为首要关切 …… 124
三、坚持集体管理制度垄断模式的理由 …… 125
第三节 我国集体管理垄断模式的修正 …… 132
一、行政性垄断与集体管理制度格格不入 …… 132

二、适度垄断的形成——兼谈“平行授权”的可能性 ………………… 138

第六章　未来愿景——利益平衡在数字化时代的坚守 ………………… 143
第一节　是挑战更是机遇——数字化背景下的集体管理制度 ………… 144
一、数字化时代对集体管理制度的挑战 ………………………………… 144
二、集体管理制度在数字化时代的存在空间 …………………………… 147
第二节　数字化对集体管理制度传统利益格局的冲击 ………………… 152
一、权利人对作品及其利益的控制力大幅削弱 ………………………… 152
二、新型利益主体——网络提供商的出现及其利益诉求 ……………… 153
三、泛化的终端使用者对公共利益的影响 ……………………………… 155
四、启示：利益平衡是集体管理制度在数字化时代仍需坚守的原则 ……………………………………………………………………………… 156
第三节　我国集体管理制度于数字化时代的应对措施与未来愿景 …… 157
一、基础——建设涵盖广泛利益主体的集体管理信息系统 …………… 159
二、运行——建立以利益平衡为导向的著作权在线交易系统 ………… 161
结　语 ……………………………………………………………………… 169
参考文献 …………………………………………………………………… 172
后　记 ……………………………………………………………………… 181

第一章　利益平衡是集体管理制度价值目标的集中体现

一切法律关系均可归结为利益关系，“利益被认为是法律背后的实质性因素”❶。可以说，著作权法实际上就是一部分配作品在创作、传播及使用过程中所产生的利益的知识产权法。而利益平衡则是著作权法的基本精神与核心目标，也是著作权法修改和著作权制度设计的基本指南。❷ 在集体管理制度之下，由于涉及的主体更多，各主体之间的利益关系也更为复杂，因此，各主体之间的利益平衡问题显得尤为重要。

第一节　利益平衡在集体管理制度中的展开

一、利益平衡是著作权制度的灵魂

利益平衡是在一定的利益格局中出现的利益体系相对和平共处、相对均衡的状态。谈利益平衡，首先必然涉及存在着不同的利益。在著作权法领域，作为个体的作者与传播者等投入资源创作和传播原创作品，因此，有必要赋予其对自己的作品享有专有权利，通过对作品的有效控制，进而从市场传播中获得利益。同时，著作权法也承认，所有创造性努力都是建立在先前作品的基础之上的，只有允许在后的创造者使用受著作权保护的作品，方能激发

❶ 冯晓青：知识产权法利益平衡理论，中国政法大学出版社，2006 年，第 1 页。

❷ 雷群安：版权作品权益分配的利益平衡理论再思考，韶关学院学报（社会科学版），2004 年第 5 期。

其创作灵感，而此举亦有利于文化传承及社会整体文化水平的提升。从这个意义上讲，“平衡精神所追求的，实质上是各种冲突因素处于相互协调之中的和谐状态，它包括著作权人权利义务的平衡，创作者、传播者、使用者三者之间关系的平衡，公共利益与个人利益的平衡。”❶

但是，从利益分配的角度处理个体利益和公共利益之间的关系，并不是一件容易量化的事情，不仅因为二者的范围尤其是公共利益的范围本身就带有极大的不确定性，更在于二者之间并无明确的界线可言。“所有这些规则的核心，当然也就是著作权的核心，是一张由公共利益与私人利益错综交织的网。”❷ 如果个人利益范围过窄导致经济收益不足，权利人的创作积极性将会因此而降低，使得作品的供给严重不足。而如果对公共利益保护不足，作品使用成本将上升，并阻碍优秀作品的传播和使用。通过对著作权制度历史演进过程的考察不难发现，自《安妮女王法》以来的著作权法一直在为解决上述问题而努力，而成本与收益之衡量则是一个经常被运用的方法。“著作权法被认为是一种平衡的设计，在限制获得保护作品的成本和对作品提供激励所产生的利益之间存在一个平衡问题。”❸ 也就是说，著作权法强调激励权利人创作作品与避免过度保护的公共利益之间的平衡，在赋予权利人对作品的专有性权利以确保其个人经济收益的同时，无一例外地保留社会公众在一定限度内接近和使用作品的权利，并以各种制度设计降低享有该权利所可能支付的成本，以此作为维护和促进社会公共利益的有效手段。

值得注意的是，国家版权局2012年3月公布的《关于〈中华人民共和国著作权法〉（修改草案）的简要说明》中，借鉴世界各国著作权立法的有益经验，总结我国《著作权法》实施过程中所面临的问题，明确将平衡性原则

---

❶ 吴汉东：著作权合理使用制度研究，中国政法大学出版社，1998年，第13页。

❷ ［美］保罗·戈斯汀：著作权之道：从谷登堡到数字点播机，金海军译，北京大学出版社，2008年，第9页。

❸ Richard Stallman：Innovation and the Information Environment：Reevaluating Copyright，The Public Must Prevail，175 Oregon Law Review，1996，29：1-6：。

确立为本次修改《著作权法》所要遵循的基本原则之一。[1]

二、正视和尊重各方利益诉求是完善集体管理制度的前提

著作权法所要实现的利益平衡的主体，涉及权利人、传播者、使用者，以及更为宽泛意义上的社会公众。因此，正视和尊重上述各方主体的利益诉求，建立作品创作、传播及使用等环节的利益良性循环机制，不仅是实现利益平衡的基本要求，也是完善集体管理制度的前提。

对于权利人而言，虽然主要是指作品创作者但又不限于此，基于继承或转让等原因而享有著作权的主体也应包括在内。对于传播者，从某种意义上而言也属于广义的作品使用者。一直以来，我国《著作权法》将更多的利益关注点投向了权利人，造成在很大程度上对传播者权利不应有的忽视。[2] 更为重要的是，这一规定承认了传播者在促进作品传播过程中相对独立的利益诉求，从而将其作为利益主体更加清晰地呈现于立法当中。对于使用者而言，不仅要承认和确保其方便、快捷地获取和使用作品的利益，进而实现以作品创作促进社会文化发展的宗旨和目的。更重要的是要认识到，使用者对作品的认可是权利人实现自身利益的保证。同时，使用者对作品的使用又受制于权利人的著作权，换言之，使用者必须在不损害著作权的前提下方能有效实现自身使用作品的利益。

---

[1] 《关于〈中华人民共和国著作权法〉（修改草案）的简要说明》指出，平衡性原则就是要妥善处理好创作者、传播者和社会公众利益的基本平衡。著作权法律制度是调整作品创作、传播和消费利益关系链的基本法律，既要保护创造、鼓励传播，也要促进消费，满足广大公众的智力文化需求。《著作权法》修改，要牢牢把握利益平衡这一现代著作权立法的基本精神，认真评估我国现行《著作权法》的利益平衡机制是否恰当，实践中是否具有可操作性，是否充分兼顾了各相关方的利益。要充分认识在当前新技术条件下著作权保护平衡动态化的特点，吸取历史有益经验，广泛听取和深入研究各方利益诉求，妥善处理好保护著作权与保障传播的关系，既要依法保护著作权，又要促进传播使用，发挥智力产品的社会效益。

[2] 《著作权法》第三次修改草案增加了有关传播者相关权的规定，明确了现行《著作权法》中包括图书出版社、报社、期刊社等在内的出版者，以及表演者、录音制作者、广播电台、电视台等在内的传播者的法律地位，在立法上构建起实质意义上属于邻接权性质的相关权体系，完善了著作权法的体系结构，弥补了1990年《著作权法》颁布以来偏重著作权的结构缺陷。冯晓青、付继存：对我国《著作权法》第三次修改的若干意见，中国专利与商标，2012年第3期。

集体管理组织以权利人与使用者之间的沟通者的身份出现和发展起来，遵循知识产权制度一以贯之的权利保护、权利限制及权利利用的理念，以期圆满实现权利人、传播者、使用者及社会公众各自的利益。从表面上看，虽然这一使命的完成主要是通过对各方权利义务的合理配置而实现的，但不可否认，正视和尊重集体管理制度所涉及各方主体的利益诉求，甚至包括集体管理组织自身的利益诉求，则是完成这一使命的基本前提。

三、利益平衡在集体管理制度中表现为利益最大化和利益均衡

尽管利益平衡的方法与原则是抽象的范畴，但在从宏观上驾驭与理解著作权法的精髓，甚至对著作权法的具体细节进行研讨时，它却是一种有益的方法和思路。[1] 因此，在集体管理制度研究框架内，仍然有必要也有可能通过减少交易成本促进作品在市场上的流通、分配各方权利义务等制度设计对利益平衡进行细化，使之更具有可操作性，而非停留在虚无缥缈的口号层面上。

具体而言，利益平衡在集体管理制度中的表现，一则为各方利益的最大化，[2] 二则为各方利益的均衡。其中，最大化被看作每一个经济主体的目标，如使效用、利润等最大化；而均衡则是指除非被外力打破，否则就保持不变的状态。最大化与均衡之间存在着密切联系，表现为最大化行为将推动个体或团体最终达到静止即均衡。[3]

第一，各方利益的最大化，是集体管理制度存在的合理性与必要性所在。尽管“使权利持有人的收益最大化本身并不是一项权利”[4]，但是，集体管理制度之所以能够作为权利人自行行使权利的替代方式，必须通过其运行证明

[1] 冯晓青：著作权法的利益平衡理论研究，湖南大学学报（社会科学版），2008年第6期。

[2] 利益最大化不仅包括物质利益，也包括精神需要的满足。但是由于集体管理制度不涉及著作人身权的行使问题，故在集体管理制度框架内的利益最大化仅限于物质利益。

[3] ［美］罗伯特·考特、托马斯·尤伦：法和经济学（第五版），史晋川、董雪兵等译，格致出版社、上海三联书店、上海人民出版社，2010年，第14-15页。

[4] ［加］迈克尔·盖斯特：为了公共利益——加拿大版权法的未来，李静译，知识产权出版社，2008年，第377页。

在该制度之下，权利人、使用者乃至整个社会所获得的利益大于没有建立该制度的情况。“参与人理性意味着他们总是偏好于更高收益的结果而不是更低收益的结果”❶，具体而言，在集体管理制度下，作品容易被更多的使用者接触和使用，并因此获得更多的物质报酬与激励，客观上增加了社会可资利用的作品总量。缺乏集体管理制度所可能导致的作品自由使用局面，虽然在一定程度上有利于满足社会公众使用作品的需要，但最终会因为权利人经济利益的减损以及创作积极性的消弭，导致无作品可用的尴尬结局，而此时社会整体利益的损失无疑会更大。从经济学意义上看，集体管理制度本质上关注的是用以增加创作作品的利益激励，与消减作品传播与使用成本之间的平衡。而在多方合法与合理的利益诉求并存的前提下，集体管理制度必须有效发挥其经济功能，以实现各方利益最大化作为证实其自身存在合理性的基本前提。

第二，各方的利益均衡，主要在于使集体管理制度所涉及各方主体各得其所。知识产权的稀缺性和财富的有限性以及人们追求自身利益的最大化，必然引起利益冲突问题，❷ 而缓和或消除利益冲突的有效方式即均衡。利益的存在形态并非一成不变的，均衡是利益的静态存在形式，非均衡是利益的动态存在形式，二者处于不断的相互转化之中。“创新的回报就依赖于非均衡能持续多久。快速地恢复到均衡表明对创新者的投入资源和可能风险的回报是很少的。”❸ 集体管理制度的存在，即力图在权利人、传播者及使用者等个体之间通过权利义务的配置，在尊重权利人依法享有对于作品使用的垄断性地位基础上，维持各方主体之间的非均衡状态，并通过集中许可和收取、分配使用费等集体管理活动，缓解处于非均衡状态的各方主体之间的利益紧张关系，实现促进社会文化进步等公共利益与个体利益之间的和平相处。

---

❶ ［美］道格拉斯·G. 拜尔、罗伯特·H. 格特纳、兰德尔·C. 皮克：法律的博弈分析，严旭阳译，法律出版社，1999 年，第 6 页。

❷ 来小鹏：版权交易制度研究，中国政法大学出版社，2009 年，第 203 页。

❸ ［美］罗伯特·考特、托马斯·尤伦：法和经济学（第五版），史晋川、董雪兵等译，格致出版社、上海三联书店、上海人民出版社，2010 年，第 105 页。

第二节　利益最大化——集体管理制度下利益平衡的经济分析

法律制度能够引起经济学研究高度重视的关键就在于人类经济发展的历史充分说明，对经济发展起决定作用的是制度性因素而非技术性因素。对于法律制度而言，经济学能够提供强有力的前所未有的解释。[1] 从经济学的视角解读集体管理制度，其存在：一方面，极大地拓宽了作品流转的途径；另一方面，其降低流转或交易成本的优势则有利于实现各方利益的最大化。

一、集体管理制度下交易成本的降低

（一）集体管理制度实质上是一种著作权交易制度

要使资源得到有效的利用，就必须实现产权的流转，即在流转中产生效益。[2] 这一点对于作为信息资源的著作权而言也不例外。“由于著作财产权无论在空间上还是在时间上，法律基于公共利益均对其作了一定的限制，因此，在有限的空间和时间内，只有通过著作财产权的交易才能达到信息传播的最大化。”[3] 权利人创作作品的主要目的之一是获取经济利益，但是，著作权带给权利人的不是既得利益，而是一种期待利益。[4] 仅仅拥有著作权而不通过交易进行使用，或者使用程度不高，均意味着权利人无法获利或者获利不能够实现最大化。因此，要真正实现作品的价值，必须通过对作品的商业性利用给权利人以经济回报，从而激励其创作更多、更好的作品，同时满足社会公众对于作品的需求。著作权的配置机制和交易制度在法律层面上表现为著作权的利用，其主要方式就是授权使用、法定许可使用和合理使用。[5] 从集

---

[1] 张文显：当代西方法哲学，法律出版社，1994 年，第 264 页。
[2] 高德步：产权与增长：论法律制度的效率，中国人民大学出版社，1999 年，第 132 页。
[3] 来小鹏：版权交易制度研究，中国政法大学出版社，2009 年，第 53 页。
[4] 孙秀丽：著作权集体管理制度的功能优势，黑河学刊，2012 年第 1 期。
[5] 吴汉东：利弊之间：知识产权制度的政策科学分析，法商研究，2006 年第 5 期。

体管理制度的功能及其运作来看，其实质上即是一种建立在权利人授权使用作品基础上的著作权交易制度，是对传统的著作权直接交易方式的替代或升级形式，以更有效地将法律赋予权利人获取经济收益的权利现实化。

必须看到，任何交易都有成本，著作权交易也不例外。同时，基于著作权客体的非物质性特征，其交易成本往往高于有形财产。[1] 显然，上述内容设计均力图在作品流转过程中，以最少的成本获取最大的收益，以作品价值最大化带来各方利益最大化。

（二）科斯定理在集体管理制度中的运用

科斯定理有关“在市场交易中是不存在成本的”假定并不现实。实际上，“为了进行市场交易，有必要发现谁希望进行交易，有必要告诉人们交易的愿望和方式，以及通过讨价还价的谈判缔结契约，督促契约条款的严格履行，等等，并且，这些操作成本常常是极端高昂的。”[2] 著作权交易虽然有其作为无形财产的特殊性，但交易当事人为完成交易仍需要在搜寻作品、协商价格及解决授权等方面付出金钱、时间或其他成本，并且交易成本一般随着交易当事人数量的增加而提高。集体管理的制度设计遵循交易成本最低化的原则，充分发挥集中许可和标准化条款的优势，调整作品权利人与使用者之间的权利义务配置关系，最大程度地降低上述可能存在的交易成本，以实现个体利益最大化，以及促进公共利益的最佳效果。

1. 集中行使著作权的成本优势

从某种意义上说，横亘于权利人与使用者之间的交易障碍主要在于信息的缺失。尽管信息对于交易双方而言均至关重要，但是，“总的说来，拥有信息的人并不比不拥有信息的人状况更好。实际上，因为信息要花费大量成本才能收集到，拥有信息的人状况实际上更差，因而一开始就没有理由要去

---

[1] 以降低交易成本为基本出发点所设立的集体管理制度，大致包括以下内容：选定合理的适用范围；版权转让原则；就同一种权利而言，一个国家只应成立一个管理组织，否则就会发生管理费增加的问题；实行年度许可证制度，减少集体管理组织同使用人之间的交易成本；政府干预原则；建立适当的报酬分配制度。刘茂林：知识产权法的经济分析，法律出版社，1996 年，第 276-277 页。

[2] ［美］罗纳德·哈里·科斯：企业、市场与法律，盛洪、陈郁译校，格致出版社、上海三联书店、上海人民出版社，2009 年，第 113 页。

收集信息。”❶ 而集体管理组织实际上充当了信息收集者的角色，其以建立作者信息库和作品数据库的方式，掌握了较为全面的信息资源，无疑有助于减少搜寻作品信息及使用信息所需的成本。在此基础上，集体管理组织得以自己的名义集中行使著作权，向使用人发放使用许可证。与权利人自行行使著作权相比，集体管理制度减轻了权利人与使用者所面临的市场压力，对于二者而言均是经济的和有效率的。

（1）有利于权利人增加收入

“著作权集体管理往往建立于著作权人对自身权利主张的排他性成本的过高上。”❷ 也就是说，权利人之所以愿意将权利交由集体管理组织行使，最直接的利益判断标准，即在于集体管理组织向其分配的使用费数额高于由其自行行使权利的收益与成本之差额。这一点也已为各国实践所证明：“欧洲和美国的音乐领域的作者，即作曲家、作词家，以集体管理的收入作为生存的基础；其他类作品，例如文学、美术、电影或者表演艺术的作者将集体管理作为其经济收入的重要补充。”❸ 集体管理组织之所以能够做到这一点，首先，其作为从事著作权集体管理的专业机构，拥有高素质的专业人才和完善的信息系统，具有较强的交易谈判能力，得以整体的力量抗衡强大的因特网网站和传统媒介作品的使用者，有利于交易效率的提高。❹ 其次，集体管理组织在获得大量权利人授权基础上的集中管理具有显著的规模效益，不仅使得收取作品使用费成为可能，还可以减少收取使用费及制止侵权支出等行使权利的成本。最后，如果集体管理组织与其他国家的集体管理组织之间签订互惠协议，还可有效扩展权利人对其作品控制的空间范围，增加许可使用费的收入。

（2）有利于使用者节约使用成本

集体管理制度便利使用者利用作品，使用者往往只需与集体管理组织谈

---

❶ ［美］道格拉斯·G. 拜尔、罗伯特·H. 格特纳、兰德尔·C. 皮克：法律的博弈分析，严旭阳译，法律出版社，1999 年，第 104 页。

❷ 李洪武：垄断与限制垄断：著作权集体管理在信息网络时代的扩张，图书·情报·知识，2005 年第 2 期。

❸ ［德］克莱勒·R：信息社会的权利实施与权利管理，许超译，著作权，1998 年第 2 期。

❹ 方岩：著作权集体管理与网络传播的利益平衡，科技与出版，2003 年第 1 期。

判作品使用条件等事宜，并向其支付使用费，减少甚至免除了使用者在著作权个人行使情形下逐一寻找权利人的困难与麻烦，大大降低如信息搜索、价格谈判、获得授权及履行合同支出等交易成本。

2. 标准授权条款的成本优势

在集体管理模式下，集体管理组织接受权利人的授权控制对其作品的利用，并以发放许可的方式授权使用者使用作品。“在这样一个制度中，权利管理的许多要素都是标准化的——事实上，甚至被中心化和集中化：在特定类型的作品上适用同样的费率、同样的许可条件、同样的分配原则。”❶ 实践当中，集体管理组织与使用者之间所签订的作品许可使用合同，往往并不是双方当事人在充分协商的基础上达成一致的结果，而是由集体管理组织在总结著作权交易习惯的基础上所制定和提供的格式合同。应当说，统一的交易规范与术语的使用，一方面，可以有效避免当事人就价格、授权条件等交易事项重复进行谈判与协商，在简化交易程序的同时减少交易成本；❷ 另一方面，也有利于预防或减少交易中的违约行为、意外事件所引起的成本，并提供有效的补救措施。

二、集体管理制度对负外部性的克服

著作权的公共性与外部性经济效应是支配整个著作权制度的经济根源。集体管理组织的出现，有助于抑制著作权作为公共产品所可能产生的负外部效应，为平衡个人利益与公共利益提供了有益的解决思路。

（一）公共产品理论于集体管理制度中的运用

所谓公共产品，是指在消费或使用上不具有个人排他性的物品。换言之，

---

❶ Mihaly Fiscor: Collective Management of Copyright and Related Rights in the Digital Networked Enviroment, in Daniel Gervais (ed), Collective Management of Copyright and Related Rights, 2006 Kluwer Law International BV, The Netherlands, 38, 47-50.

❷ 当然，标准授权条款在一定程度上限制了相对人的意思表达自由，容易对处于弱势地位的使用者带来利益损害。对此，经济学家提出了两种解决方案：一是通过市场竞争解决，即消除垄断，促使标准授权条款的制定者出于竞争优势的考虑，提出有益于对方的条款；二是通过政府解决，即国家制定管制标准授权条款的立法，或授权行政机关修改显失公平的标准授权条款，以保护相对人的利益。吴汉东：关于知识产权基本制度的经济学思考，法学，2000 年第 4 期。

一个人对公共产品的消费并不减少或排斥他人对该产品的消费。从技术上讲，公共产品的自然属性或技术属性意味着要排他的费用是高昂的。[1] 信息经济学理论认为，知识、信息作为一种特殊商品，具有公共产品的某些属性。[2] 尽管集体管理制度的出现或多或少地带有某些偶然性，甚至可以认为在其产生之初并未考虑上述问题，但从其发展历程来看，该制度一直在为克服著作权作为公共产品的固有缺陷而努力。

首先，集体管理组织依靠其对作品较强的控制力，间接增强了权利人对作品使用的控制。作品所包含的信息作为无形资源，相对于有形资源而言确实难以有效控制，一旦将作品公开，在某一时空条件下即可为不同的主体同时使用，[3] 而要求权利人以隐藏作品的方式加以控制显然又违背其创作作品的初衷。集体管理组织凭借其广泛的代表性与影响力，在汇集尽可能多的权利人及其作品的基础上，以向众多使用者发放使用许可的方式，有效地实现了对作品使用的控制，在很大程度上迎合了权利人公开并控制自身作品的愿望与需求。

其次，作品的创作往往以权利人体力特别是脑力的付出为代价，但作品的传播费用则相对较小，甚至是不需要成本的，"搭便车"的情形由此出现，[4] 这一点在数字化时代表现得尤为突出。集体管理组织的存在，可以在保证作品实现其公开及公用性的基础上，有效阻断社会公众对作品的无序使用，特别是禁止或者限制搭便车情形的发生，最大限度地保护权利人的创作积极性及其经济利益。

---

[1] 刘茂林：知识产权法的经济分析，法律出版社，1996 年，第 61 页。

[2] "著作权在经济上体现为一种公共产品。最初的成本可能是很高的。但是，复制的成本却很低。作者为了使自己的作品获得利益，他必须将其推向市场，但这样很容易导致盗版和剽窃的风险。他人能够很容易地获得复制品，并且复制的成本低。创造者可以以或者接近边际成本的价格销售，以使擅自复制的复制品失去吸引力，但这样很可能难以收回创作的成本。" Pertr Groves：Copyright and Designs Law：A Question of Balance，Graham &Toronto Press，1991，9。

[3] 吴鸣：公共政策的经济学分析，湖南人民出版社，2004 年，第 4 页。

[4] "搭便车"是指一个经济行为人从一件好东西中获利而不负担其生产成本。"搭便车"并不一定构成一个问题。不管怎样，它有助于信息传播，并因此增加某种经济的生产潜力。但是也要看到，搭便车的问题越多，信息生产者生产信息的积极性就越小。［澳］彼得·德霍斯：知识财产法哲学，周林译，商务印书馆，2008 年，第 133 页。

（二）负外部性对利益平衡的冲击及其克服

外部性一般是指社会中的个人行为会给他人的福利带来影响，具体可分为正外部效应和负外部效应。正外部效应因为有效实现了各方利益而无过多规制的必要。在著作权领域，由于作品的公共产品特性，使得无论是权利人还是使用者均可能采用损害他人利益的方式追求自己的利益，即导致以使用者身份出现的社会公众的效用最大化与权利人追求经济利益最大化行为的无效益，完全违背了经济学的效益原则，因此，避免或消减负外部性成为著作权法必须面对的问题。

从权利人的角度来看，虽然不能绝对地将获取经济利益限定为权利人创作作品的唯一目标，但必须承认这一目标设定是激励创作的直接而有效的手段。为促使优秀作品源源不断地被创作出来，著作权法通过赋予权利人一定程度上对作品的垄断性权利，确保权利人以类似垄断利润的形式获取经济利益。但是，对垄断利润的偏爱和无休止的追逐是每一个理性的“经济人”均无法回避的，因此，权利人出于对私人利益最大化的追求，往往人为地制造产品稀缺的状态，忽视社会公众对作品的需求及社会文化发展的客观需要。

而从作品使用者的角度来看，降低甚至消除作品使用的成本无疑是其利益最大化的必然选择。显然，一方面，权利人对于已公开作品控制力的基本丧失，无疑为降低或消除作品使用成本提供了客观的便利条件；另一方面，作品的使用不产生有形损耗，甚至提高社会整体的再创造能力，使得社会无形资产总量不降反升，则为此提供了合理性方面的充分支持。但是，并不能由此认为，尽可能多地增加自由或者免费使用者是对知识资产的最优利用，因其往往以牺牲权利人收回创作成本为代价，最终削减权利人的创作热情。换言之，免费使用作品所可能带来的社会效益的增加，将无法抵销其对权利人激励机制的破坏所可能造成的社会整体创新利益的减损。

综上所述，作品的负外部性将影响效益的最优化。集体管理制度的出现则为解决这一问题提供了新的思路。在集体管理框架下设计的著作权交易制度，有利于权利人加强对自身作品使用情况的控制，有利于权利人获取作品使用费，在实现作品价值的基础上完成作品的增值。同时，尽力抑制使用者免费使用作品的冲动，排除使用者自由使用作品的可能性，促使作品使用回归至遵循市场供求的一般规律，最终实现无形资源的有效配置。

第三节　利益均衡——多元化主体背景下个体利益之间的对立统一

传统的著作权使用限于权利人与使用者之间，呈现出较为简单的一对一利用格局。随着作品创作、传播及使用方式的变化，与著作权有关的主体的内涵与外延也在发生改变。而集体管理制度的出现与发展，更加拓展了主体范围，涵盖了作品的创作者、传播者及使用者等多方主体，改变了著作权传统利用方式中的主体格局及其利益格局。可以说，多元化的利益体系有可能造成甚至激化利益冲突，也有可能在相互作用之下缓和乃至消解利益冲突。“在一定的社会条件具备的情况下，多元利益体系是一个对立统一的、保持相对平衡的相对稳定的利益体系，它是保持社会稳定的稳定剂。相对稳定的利益体系致使在利益的分配上构成一个相对稳定的利益格局。”[1] 因此，多元化的主体格局及利益格局使得在集体管理制度下更需要以利益平衡理念为指导，妥善协调和处理集体管理组织与权利人之间、集体管理组织与使用者之间、权利人与使用者之间的利益关系，形成作品创作、传播与使用的有效机制，以实现该制度的设立初衷。

一、权利人与使用者之间形式上的利益对立性

权利人将作品创作出来，一般并不会将其束之高阁、孤芳自赏，而是希望在将作品公之于众的基础上对其加以利用，并通过控制作品的使用，在保护作品完整性的同时从其作品使用中获取相应的经济收益。从某种意义上说，这也是法律赋予权利人著作权的基本考虑。

---

[1] 王伟光：利益论，人民出版社，2001年，第208页。

而对于作品使用者而言，自由获取和免费使用作品无疑是最佳选择。即使在著作权专有性的约束之下必须有偿使用作品，使用者也希望能通过最便捷的途径获得作品使用许可，并支付尽可能少的使用费。如此一来，使用者与权利人之间的矛盾似乎是不可避免且难以克服的。

二、权利人与使用者之间实质上的利益统一性

创作作品的发起人、作品的创作者需要为作品的创作进行投资，要承担相应的经济风险，因此，授予他们对其创作和经营的作品一定期限的独占权，使他们有机会收回其投资，并获得相应的利益回报。[1] 但是，如果过于严格地强调和保障权利人依据著作权所获取的针对作品的专有性控制，必将极大地限制对其作品的使用，权利人通过作品获利的目的也将落空。换言之，权利人通过作品获利的目的在很大程度上依赖于使用者，即通过使用者对作品的使用来实现。而对使用者来说，其获取知识和信息的权利的实现过程，就是获取和使用作品的过程，而这也正是权利人实现其著作权的基本途径，需要在著作权法中予以适当的保障。显然，作品创作与使用之间相互依存、密不可分的关系，使得权利人与使用者之间的利益又具有一致性。

三、集体管理制度对权利人和使用者的利益协调

权利人与使用者既是利益对立的双方，同时，又存在利益结合点或共同点，进而形成事实上的“利益共同体”，呈现出“一荣俱荣、一损俱损”的格局，而解决二者之间冲突的关键即在于使双方利益各得其所。因此，在作品传播方式和利用方式日益多元化和复杂化的情形之下，作为权利人与使用者之间沟通的桥梁与纽带，集体管理组织的存在，可以集中行使权利人原本不能有效行使的权利，使用者也可以比较方便地获取所需作品的授权许可。尤其重要的是，集体管理组织在集中获得大量权利人授权之后，具备显著的

---

[1] 曹新明：知识产权法哲学理论反思——以重构知识产权制度为视角，法制与社会发展，2004年第6期。

规模效应：一方面，在降低权利人行使权利及维权成本的同时增加了其收入，达到了鼓励作者继续创作的目的；另一方面，降低了使用者谋求授权以使用作品的成本，提高了作品的使用效率。显然，集体管理制度的运行规则符合权利人与使用者利益最大化的共同追求，实现了作品创作、传播与利用过程中的动态平衡。

第四节　利益均衡的更高形式——公共利益与个体利益的对立统一

集体管理制度所关注的微观层面的个体利益之间的均衡，囿于所涉及主体范围的局限性，仅仅在一定程度上实现了部分主体之间的利益均衡，尚不能完成现代社会赋予其促进整个社会文化进步这一宏观层面或者说更高层面的使命。如何在平衡个体之间利益的基础上实现公共利益，无疑是对集体管理制度利益均衡的升华，也是更好地实现其存在价值的重要途径。

一、个体利益与公共利益在集体管理制度中的共存

个体利益与公共利益之间并不存在一个截然划分的界限，二者往往相互渗透和促进。“然而知识产权持有者寻求从他们对含有知识含量的产品和工艺流程的投资中获得足够的收益，政策必须在知识产权持有者的私人利益与介入到这些发明和收益的公共利益之间找到折中的办法。”[1] 集体管理作为著作权交易机制，虽然以激励权利人私益作为直接目标，但各方交易主体在追求自身私利的同时，必然会对社会公共利益的提升和增加作出贡献。换言之，利益上的共性无疑是实现集体管理制度中利益平衡原则的基础。

（一）个体利益与公共利益之间并无明显的优劣之分

在利益协调过程中，最理想的结果是各方利益均能实现最大化。但实践

---

[1] ［美］苏姗·K. 塞尔：私权、公法——知识产权的全球化，董刚、周超译，中国人民大学出版社，2008 年，第 15 页。

经验表明实现这一点基本上是不可能的。因此，在个体利益与社会利益不能同时得到满足或者最大化满足之时，从价值判断或利益评价的角度进行利益的位序排列就成为一项棘手的任务。[1] 在集体管理制度下所确立的利益平衡的目标，即在于先满足最重要的和需要优先考虑的利益，同时使其他利益的牺牲降到最小限度。

在著作权领域甚至扩展至整个知识产权领域，大多数意见倾向于在个体利益与公共利益之间应当更偏重于公共利益。[2] 但是必须明确，公共利益的实现必须在权利人获取了足够的利益激励基础上方能实现。对于集体管理制度而言，由于其所涉权利人众多，对公共利益的过于偏重无疑对权利人的利益影响甚重，甚至直接挫伤权利人创作作品的积极性，引发一系列较为严重的负面影响，而最终受损的仍然是公共利益。[3] 因此，必须意识到集体管理制度所涉及问题的特殊性，在利益考量上突破传统的位序安排，以更加谨慎和务实的态度看待和处理各方利益，既不能完全拘泥于公共利益必然高于个体利益的既有结论，也不能作出个体利益高于公共利益的草率论断，更不能以集体管理组织所管理的权利原本即是权利人自行难以行使的权利为由，强制性地要求权利人服从于集体管理组织所肩负的对其成员乃至社会整体的公益责任，而是应当考虑将对个体利益及公共利益的关系界定与保护水平作出更为灵活、能为各方所接受的适当处理。

（二）尊重个体利益——集体管理制度下对著作权私权属性的重申

对于包括著作权在内的知识产权私权属性的认识是在不断深化的，尽管

---

[1] “人的确不可能凭据哲学方法对那些应当得到法律承认和保护的利益作出一种普遍有效的权威性的位序安排。然而，这并不意味着法理学必须将所有利益都视为必定是位于同一水平上的，亦不意味着任何质的评价都是行不通的。”［美］博登海默·E：法理学：法律哲学与法律方法，邓正来译，中国政法大学出版社，1999 年，第 400 页。

[2] 如“对作者权利的保护只是实现著作权法社会公共利益目标的手段和机制”。冯晓青：著作权法的利益平衡理论研究，湖南大学学报（社会科学版），2008 年第 6 期。又如“促进社会的进步、增进多数人的福利是知识产权立法的归宿，赋予创造人知识产权只是一种手段”。胡开忠：知识产权法中公有领域的保护，法学，2008 年第 8 期。

[3] 《著作权法》第三次修订稿中所涉及的有关延伸性集体管理制度的相关规定，引起了权利人的强烈质疑，即为明证之一。对于“延伸性集体管理制度”，将在下面予以详细论证。

不时遭受非难和质疑，但理论界关于知识产权的认识并没有离开私权品性的基本范畴。[1]《伯尔尼公约》序言中指出：公约制定和修订的总宗旨是以尽可能有效、尽可能一致地保护作者对其文学和艺术作品所享有的权利，明确了著作权制度对权利人私权的关注。作为当今世界知识产权保护领域最新且最重要的国际条约，TRIPS 协议在其序言中宣布“承认知识产权是私权”，从而为整篇协议的内容奠定了基调。显然，将著作权定位为私权是认识和理解著作权各项制度的基本前提。

集体管理制度的产生很大程度上源于权利人对维护自身利益的考虑，并在相当长的发展历程中将维护权利人利益作为其主要宗旨。尽管在集体管理制度下，权利人丧失对价决定权，以及对使用者的直接请求权等，部分使用费被用于共同目的或公共目的，使得著作权作为一种私权的性质正在发生蜕变。[2] 但必须指出的是，知识产权制度的宗旨，在于保护创造者的合法权益，促进知识产品的广泛传播。而私权神圣与利益平衡则是现代知识产权制度的两个基本法律观。[3] 在集体管理制度下重申著作权的私权属性，并非单纯出于对个体利益的尊重，更重要的是，集体管理组织所可能从事的活动，其前提均来源于权利人的授权，否定或者忽视权利人对作品所享有的私权，将从根本上否定集体管理制度本身的合法性。从这个意义上来说，集体管理制度对权利人私权属性的认可，既是顺理成章，更是责无旁贷。

（三）并非空洞的口号——集体管理制度视野下的公共利益

由于公共利益界定上的困难，以其作为挤占私权空间的理由往往备受诟病，甚至在实践中遭遇难以适用的尴尬。例如，依据我国《著作权法》第 48 条的规定，相关侵权行为仅仅使个人利益受损时，应承担民事责任；只有在“同时损害公共利益时”才可能承担行政责任。但是，对于损害个人利益达

[1] 吴汉东：知识产权制度基础理论研究，知识产权出版社，2009 年，第 50 页。

[2] 徐棣枫、解亘、李友根：知识产权法——制度 · 理论 · 案例 · 问题（第二版），科学出版社，2011 年，第 80-281 页。

[3] 吴汉东：知识产权基本问题研究（总论）（第二版），中国人民大学出版社，2009 年，第 146 页。

到何种程度方能认定同时损害公共利益，并无明确的标准或界限，不仅令执法者感到困惑而无益于对权利人的保护，反而成为侵权人逃避法律责任的理由。有鉴于此，2006 年 10 月 26 日，在国家版权局对浙江省版权局《关于在查处著作权侵权案件时如何理解适用“损害公共利益”问题的请示》的复函中，明确指出“构成不正当竞争，危害经济秩序的行为即可认定为损害公共利益”。不难看出，执法者在实践中尝试对公共利益作出更具操作性的解释与认定的努力。

有关知识产权的重要国际条约也注意到了保护公共利益的重要性。[1] 显然，TRIPS 协议在保护个体利益的同时也注重其与公共利益的平衡。

为应对信息与通信技术的发展和交汇对作品创作与使用的深刻影响，解决表演和录音制品使用所面临的问题，WIPO 于 1996 年 12 月缔结《世界知识产权组织版权条约》（WCT）和《世界知识产权组织表演和录音制品条约》（WPPT）。[2] 可以说，上述两个条约的相关规定，在一定程度上表明了国际社会所认可的著作权领域的公共利益的范畴，即“广大公众的利益尤其是教育、研究和获得信息的利益”，使其不再停留于因模糊性所导致的认识不一或者任意解释的层面。从目前世界各国著作权立法的情况来看，广大公众在教育和研究方面的利益，基本上是通过合理使用及法定许可制度加以解决的；而广大公众获取信息方面的利益在很大程度上取决于其获取作品成本的高低，实现这一点则主要仰仗于旨在权利人与使用者之间建立良好沟通机制的集体管理制度。

---

[1] TRIPS 协议在其前言中“承认知识产权是私权”之后，进而明确：“承认保护知识产权的诸国内制度中被强调的保护公众利益的目的，包括发展目的与技术目的。”该协议第 7 条“目标”规定：“知识产权的保护与权利行使，目的应在于促进技术的革新、技术的转让与技术的传播，以有利于社会及经济福利的方式去促进技术知识的生产者与使用者互利，并促进权利与义务的平衡。”第 8 条“原则”则进一步授权成员国“采取必要措施以保护公众的健康与发展，以增加对其社会经济与技术发展至关紧要之领域中的公益”。

[2] 上述两个条约明确，以尽可能有效、一致的方式发展和维护保护作者对其文学、艺术作品之权利，保护表演者和录音制品制作者权利；有必要采用新的国际规则，以提供解决由经济、社会、文化和技术发展所提出的问题的适当办法，并特别强调保持作者的权利（表演者和录音制品制作者的权利）与广大公众的利益，尤其是教育、研究和获得信息的利益之间的平衡。

除此之外，提取集体管理组织所收取使用费的一定比例设立公益性基金，用以支持文化事业发展等，更是直接体现了集体管理制度对公共利益的关注。“它们之所以这样做，是希望版权制度在版权所有者的个人权利与特定社会的文化进步之间取得平衡。”❶ 如法国《知识产权法典》第 L321-9 条规定，协会将来自个人复制报酬的 25%的款项，以及在相关期限届满前未能确定或找到受益人而未分配的全部款项（在不影响未到时效的报酬支付申请的情况下，自开始分配的第五年年末开始），用于帮助现场剧的创作和传播，以及艺术家的培训活动。❷《意大利著作权法》则规定，由意大利作者和出版者协会收取的使用费，在扣除相关费用后公开招领 3 年。逾期无人认领的则用于资助各类作者、作家和音乐家。❸ 而有些集体管理国际组织亦有类似规定。如国际作者、作曲者协会联合会（CISAC）❹ 对其会员互惠代表契约的指导方针中规定，收取的权利金在扣除行政管理费用后，也就是净利当中的 10%可以用作社会文化促进基金，以保障该国作者、赞助社会福利与促进文化。❺

二、集体管理制度下个体利益与公共利益之间的平衡

在利益总量确定的前提下，个体利益与公共利益必然呈现出此多彼少的格局。事实上，“知识产权法在私人产权与公共领域之间的界线，是一种法律上的人为设定，而非自然存在的现象。这条界线的移动，不仅因特定法官而异，也随着各个国家以及文化上的态度而变”❻。集体管理制度的出现，很

---

❶ ［荷］约斯特·斯密尔斯、玛丽克·范·斯海恩德尔：抛弃版权：文化产业的未来，刘金海译，知识产权出版社，2010 年，第 34 页。

❷《十二国著作权法》翻译组译：十二国著作权法，清华大学出版社，2011 年，第 100 页。

❸《十二国著作权法》翻译组译：十二国著作权法，清华大学出版社，2011 年，第 339 页。

❹ CISAC，成立于 1926 年，是一个非政府、非营利性的国际组织，总部设在法国巴黎。CISAC 所具备的多样性及开放性使得其广纳会员。目前，CISAC 有来自 118 个国家和地区的 225 个著作权协会成员，代表超过 250 万创作者的几乎所有的艺术作品，包括音乐、戏剧、文学、视听、绘画及视觉艺术。http://www.cisac.org。

❺ Ulrich Uchtenhagen: The Setting－up of Copyright Societies: Some Experiences and Reflexions,（Geneva: WIPO Pub. No. 926（E）, May 2005）, para. 54, p. 23。

❻ ［美］保罗·戈斯汀：著作权之道：从谷登堡到数字点播机，金海军译，北京大学出版社，2008 年，第 10 页。

大程度上就是为了协调个人利益与公共利益之间所可能出现的冲突，维系二者之间的相对平衡。

（一）集体管理制度的公益目的并未构成对个人利益的过分挤压

从某种意义上说，因著作权所可能产生的利益大多来源于权利人的创作，因此，从经济学的角度来看，只有赋予作者和发明家一定的与创造性劳动相当的报酬，才能激发他们的创造力并提高社会的公共福利。❶ 而形成这一激励机制最有效的办法莫过于在利益分配上对权利人的优先考虑。❷ 集体管理组织尽管带有鲜明而强烈的公益目的，力图通过其在权利人与使用者之间顺畅的沟通机制，以及专业化、网络化、国际化的信息系统为使用者提供便利，以有效稀释权利人对作品的专有控制程度，但其毕竟是依托权利人授权而成立的社会团体，在充分尊重作品私权属性的基础上为权利人谋求最大限度的利益，不仅是其最初的和一贯的目标追求，更是证明其存在合理性的基础。从这一点来看，集体管理组织的公益目的并未也不可能构成对个人利益的过分挤压。

但是，也要警惕集体管理组织可能出现的另外一种倾向，即将个人利益置于过分优先的地位所可能导致的对于公共利益的侵蚀，否则，集体管理制度的存在难免成为公众获取及利用作品的障碍。更为严重的是，“一旦用户发现自己动辄得咎，无论怎样谨小慎微都会招致侵权之祸，就会索性置法律的重重约束与限制于不顾，对整个版权保护体系产生反感”❸。因此，集体管理制度需要在利益平衡理念之下，不断调整利益判断的基点，寻找最能为各方所接受的利益配置方案，以此营造和维系著作权各方主体的利益格局。

---

❶ ［美］罗伯特·P. 墨杰斯、彼特·S. 迈尔斯、马克·A. 莱姆利等：新技术时代的知识产权法，齐筠、张清、彭霞等译，中国政法大学出版社，2003 年，第 10 页。

❷ 正如罗尔斯所言：“利益，不论是个人的或集体的，最后必须像饥饿或发痒那样，落实到个人，为个人所感觉到。换句话说，不存在不能落实为个人利益的国家利益或社会的集体利益。国家或社会利益与个人利益所不同的只是体现的渠道不同，在利益这两个字上是相同的，而且利益必须被具体的人所得到。”［美］约翰·罗尔斯：正义论，何怀宏、何包钢、廖申白译，中国社会科学出版社，1998 年，第 257 页。

❸ 薛虹：网络时代的知识产权法，法律出版社，2000 年，第 132 页。

（二）满足公众文化需求——集体管理制度与文化产业发展的契合

集体管理制度本身作为版权产业、文化产业的一部分，以实现个别权利人利益和社会公共利益为目的，着力于对版权产业、文化产业最基本的创作原动力的维护。同时，依托其授权许可及费用收取与分配等集体管理活动与文化产业的各个环节发生联系，通过整合创作资源、市场交易资源等不断为整个文化产业提供持续动力，保证其健康有序发展。从这个意义上来看，集体管理制度的发展与版权产业乃至文化产业的发展程度是成正比的。

1. 集体管理制度有利于文化产业的发展

我国于2009年9月发布的《文化产业振兴规划》明确了文化产业重要性。[1] 据此，著作权法在促进文化产业发展、实现国家文化政策等方面的作用愈发受到重视。著作权法所保护的著作权被认为是人为创造的具有很强的公共性的私权，它不仅是对作者创作的回报，而且在于通过激励作者创作社会需要的更多、更好的作品，满足社会文化和科学事业发展的需要。[2]《著作权法》修改草案回应时代发展要求，总结文化产业发展经验，增加“促进经济的发展与繁荣”作为该法的立法宗旨之一，体现了立法者对作品产业化利用所产生的经济价值的认可，并将在著作权法框架内设计和完善相关制度，充分发挥著作权法在推进、规范文化产业发展方面的积极作用。

“平衡精神的弘扬，是著作权法价值二元取向的内在要求。在这里，价值取向意指著作权法所追求的社会作用。就立法目的来说，即是促进文化事业发展与保护作者权益两者并重。”[3]《文化产业振兴规划》确定文化创意、影视制作、出版发行、印刷复制、广告、演艺娱乐、文化会展、数字内容和动漫等产业为我国现阶段文化产业的发展重点。而集体管理制度一般在以下几个产业领域内发挥功能：表演艺术及剧场、电影广播电视、视觉艺术与摄

---

[1] 该《规划》指出，文化产业是“市场经济条件下繁荣发展社会主义文化的重要载体，是满足人民群众多样化、多层次、多方面精神文化需求的重要途径，也是推动经济结构调整、转变经济发展方式的重要着力点”。

[2] 冯晓青：著作权法的利益平衡理论研究，湖南大学学报（社会科学版），2008年第6期。

[3] 吴汉东：著作权合理使用制度研究，中国政法大学出版社，1998年，第13页。

影、音乐录音产业及印制出版产业。显然，集体管理作为著作权交易制度，通过其独有的连接权利人、传播者及使用者关系的沟通机制，在保护权利人利益的同时，扩大社会公众对作品的选择范围，有效降低作品交易成本，与文化产业的发展领域和发展目标相契合，促使作品的传播及其文化功能的发挥，可以有力促进文化产业发展这一政策性目标的实现。

2. 集体管理制度有利于建立良性共生的产业平衡

一个产业的发展不能自始即以取代或消灭另一个产业为既定目标，理想的产业替代或升级模式应该以市场机制的发挥为主导因素。如果一个产业以侵权为手段不正当地侵占其他产业的市场份额，进而侵蚀其他产业的发展基础，良性的产业发展秩序将无法形成。

文化产业的涵盖面甚广，更应该注意不同产业之间的平衡发展。以互联网为代表的信息产业的兴起与发展，极大地改变着文化产业的传统格局。但是，由于与数字环境相对应的商业利益分享机制并未同步建立，随意的复制、上传、下载、转载等行为，导致作品的实物复制品的销售大幅下滑甚至消失，对其他产业的生存构成了严重威胁。例如，中国拥有世界上最大的音乐消费群体，唱片产业理应有着广阔的发展前景，然而，目前唱片产业却在信息网络的冲击之下已经接近消亡，几乎所有权利人都“不是从唱片里挣钱”。❶

文化产业以著作权保护为基石，如果以漠视甚至牺牲权利人利益为代价发展某些产业分支，最终将导致文化产业整体发展的无序化。“著作财产权交易是现代文化产业发展的原动力之一。”❷ 对于已经具备成熟文化理念与多赢运作模式的集体管理制度而言，以维护文化产业创新源泉的权利人的利益为己任，兼顾社会公共利益的实现，不仅在微观上构建作品依法有序的使用格局，有利于权利人与使用者之间的利益平衡，而且有利于促进和协调文化产业各个分支以及文化产业与其他产业的发展，建立起良性共生的产业平衡。

---

❶ 音乐产业枯竭在即，著作权集体管理力挽狂澜，http：//ip. people. com. cn/GB/11467852. html。

❷ 来小鹏：版权交易制度研究，中国政法大学出版社，2009 年，第 63 页。

第二章　集体管理制度各方利益主体及其法律关系

集体管理制度的出现，使得集体管理组织介入作品的利用过程，打破了以往作品利用仅限于权利人与使用人的格局，增加了新的利益因素，鉴于此，有必要重新梳理集体管理制度下所涉及的各方利益主体，并对其法律关系重新予以明确。

第一节　集体管理组织与权利人

集体管理制度的设立初衷，在于为著作权交易创设一种新型的作品授权使用机制，提高授权效率并降低交易成本。从许可的角度来看，任何人都不能许可其自己未拥有也无法控制的权利，因此，作为一种媒介交易的手段，集体管理组织必须具备合法的权利来源方能从事集体管理活动。[1] 从理论上讲，权利人对集体管理组织授权形式的多样性，本应使二者之间的关系呈现出信托、代理甚至转让等多种形态。但是，自集体管理制度在我国产生以来，以信托模式界定集体管理组织与权利人之间的关系，不仅是理论界的主流观点，也成为集体管理活动及司法实践中的普遍做法。虽然偶有质疑，却均未撼动该模式的地位。而从著作权的私权属性出发，并不能简单地将二者之间的关系局限于信托模式，应给予二者更多的选择空间。

---

[1] 依据《著作权法》《条例》等规定，集体管理组织的权利来源主要包括：①权利人的授权；②与海外同类协会签署相互代表协议，获得管理海外作品的权利；③依法承担作品法定许可使用的使用费收转工作。其中，权利人的授权构成其权利的主要来源，本书的相关论述也主要围绕此而展开。

一、利益平衡理念下对“信托关系说”的重新审视

法律关系的定性，在很大程度上影响各方的利益格局。针对目前集体管理组织与权利人关系界定上占主流地位的信托模式，从利益平衡的视角重新审视，或许会得出与以往不同的结论。

（一）信托模式下集体管理制度的利益格局

1. 我国集体管理制度是在信托框架下建立起来的

我国《信托法》对信托作出了明确的立法界定。❶ 随着知识经济的出现和发展，极富灵活性的信托制度开始涉足无形财产领域。❷ 根据《条例》的规定，集体管理是指集体管理组织经权利人授权，以自己的名义集中行使权利人有关权利的著作权管理制度。可以说，与信托形式的相似性，使得我国集体管理的制度设计基本上是在信托框架下展开的。❸

（1）历史的开端预设了二者关系定位的坐标

音著协作为我国第一个集体管理组织于 1992 年成立，但有关音著协与著作权人之间的关系定位问题却困扰着理论界与实务界。最高人民法院试图通过司法解释的方式解决这一问题。❹ 而这一历史的开端不仅预设了集体管理组织与权利人之间关系的坐标，也成为日后理解二者关系的基本依据，以至于在很长一段时间内有关二者的关系似乎成为一个无须讨论的话题。

---

❶ 《信托论》第 2 条规定，信托是指委托人基于对受托人的信任将其财产权委托给受托人，由受托人按委托人的意愿以自己的名义、为受益人的利益或者特定目的进行管理或者处分的行为。

❷ 刘韶华：信托视角下的著作权集体管理制度，法律适用，2006 年第 5 期。

❸ 当然也要看到，由于认识和引进信托制度的迟缓，使得早期对二者关系的认识甚至仅局限于转让与委托，根本没有涉及信托问题。高凌瀚：对中国著作权集体管理的认识，载自：国家版权局，著作权的管理和行使文论集，上海译文出版社，1995 年版，第 41 页。

❹ 1993 年 9 月 14 日，最高人民法院民事审判庭《关于中国音乐著作权协会与音乐著作权人之间几个法律问题的复函》（法民（1993）第 35 号文）（以下简称为《复函》），明确将中国音乐著作权协会与著作权人之间的关系界定为信托。其内容如下：“中国音乐著作权协会：关于请人民法院就两个合同提出意见的函收悉。经研究，提出以下意见：一、音乐著作权协会与音乐著作权人（会员）根据法律规定可就音乐作品的某些权利的管理通过合同方式建立平等主体之间的带有信托性质的民事法律关系，双方的权利与义务由合同约定，音乐著作权协会可以将双方的权利与义务等事项规定在协会章程之中……”

《条例》依然沿袭了信托的思路。❶ 具体而言，《条例》尽管没有对授权的具体方式进行明确规定，却将集体管理限定于集体管理组织以“自己的名义”进行的活动，❷ 成为将集体管理组织与权利人的关系界定为信托最为显性的标志。同时，《条例》第 2 条的文字表述方式并未体现出选择性条款的意味，虽然不能认定为是对《著作权法》第 8 条的公然违背，❸ 但该种事实上的限缩式表述确实极易引致公众对该条款的误解。

（2）实践的做法进一步强化了二者之间信托关系的定位

首先，集体管理组织往往通过章程或者格式合同的形式，明确要求权利人以信托方式授权集体管理组织行使权利，从而也将自身定位为信托关系中的受托人。如音著协的《音乐著作权合同》第 2 条“授权”即规定：“乙方（权利人）同意将其拥有著作权的音乐作品的表演权、复制权、广播权及信息网络环境下的表演权、复制权（亦称信息网络传播权）以信托方式授权甲方（中国音乐著作权协会）进行集体管理，以便上述权利在其存续期间及在本合同有效期内完全由甲方行使。”其他集体管理组织的做法亦大致如此。

其次，司法审判实践中对信托关系的一致认定。考察由音著协等集体管理组织维权所引发的诸多案件，我国司法机关基本上均依信托模式来解释集体管理组织的诉权问题。❹ 这一做法无疑进一步强化了集体管理组织与权利

---

❶ 《条例》第 2 条规定：“本条例所称著作权集体管理，是指著作权集体管理组织经权利人授权，集中行使权利人的有关权利并以自己的名义进行的下列活动：⑴与使用者订立著作权或者与著作权有关的权利许可使用合同（以下简称许可使用合同）；②向使用者收取使用费；③向权利人转付使用费；④进行涉及著作权或者与著作权有关的权利的诉讼、仲裁等。”

❷ 此举将集体管理组织进行的活动与民事代理活动区别开来。金武卫：《著作权集体管理条例》主要问题评述，电子知识产权，2005 年第 2 期。

❸ 《著作权法》第 8 条规定：“著作权人和与著作权有关的权利人可以授权著作权集体管理组织行使著作权或者与著作权有关的权利。著作权集体管理组织被授权后，可以以自己的名义为著作权人和与著作权有关的权利人主张权利，并可以作为当事人进行涉及著作权或者与著作权有关的权利的诉讼、仲裁活动。”显然，该条款为授权性规范，并未要求权利人与集体管理组织必须签订信托性质的授权合同。

❹ 如在“音著协与陕西天星文化艺术传播有限公司、中国演出家协会、陕西省文化演出服务公司侵犯著作权纠纷案”中，对于音著协的原告资格问题，西安市中级人民法院依据法律及相关司法解释的规定，并援引本案所涉及音乐作品著作权人与音著协签订的《音乐著作权合同》的内容，认定音著协与权利人通过合同的方式产生了平等主体之间信托性质的民事法律关系，在他人未经许可公开表演会员音乐作品时，音著协有权以自己的名义提起诉讼。http：//www. lawyee. net。

人之间的信托关系定位。

2. 信托视角下的利益格局解析

一个完整的信托关系一般涉及三方主体，即委托人、受托人和受益人。在信托模式的集体管理中，受托人为集体管理组织，而委托人和受益人往往均为权利人。应该说，作为借助受托人活动而对受益人加惠的一种设计，[1]信托制度于集体管理中的运用，呈现出如下的利益格局：

①集体管理组织依授权取得名义上的所有权人身份，其行使权利所获收益在扣除必要的管理费用之后，全部归权利人享有。权利人之所以将部分权利交由集体管理组织行使，目的即在于使著作财产权得到升值或获得较稳妥的保障，最大限度地实现自身利益。

②信托财产的独立性，决定了作为信托标的的著作权在所有权特别是控制权上与受益权的分离。一方面，置于信托之下的著作权独立于集体管理组织，后者只是拥有对作品的直接控制权；另一方面，著作权独立于权利人，权利人于信托模式下更多地只是享有受益权。

③集体管理组织尽善良管理人的义务对信托著作权进行专业管理，不仅免除了权利人的管理责任及可能面临的风险，而且有利于实现权利人经济利益上的最大化。

（二）信托模式之外的其他选择

尽管信托模式在集体管理制度理论研究和实践操作中已经深入人心，但这并不意味着信托模式的唯一性。从著作权的私权属性与当事人的利益考量出发，集体管理组织与权利人之间的关系定位应当有更为自由的选择余地。

1. 私权属性是界定二者关系的本质因素

著作权属于私权，而私权的核心是意思自治。对于著作权的行使而言，也应当主要取决于权利人的意愿，这一点理应成为界定集体管理组织与权利人关系时所要考虑的本质因素。从各国立法来看，一般并没有将集体管理组

---

[1] 周小明：信托制度比较法研究，法律出版社，1996年，第149页。

织与权利人之间的关系限定为信托。[1] 采用信托抑或其他模式，完全取决于二者之间所订立的契约类型。

如果权利人选择由集体管理组织行使其著作权，应当由当事人通过合同自主决定其法律关系的性质而不能由法律硬性规定。[2] 事实上，我国相关规范性文件也并未将集体管理组织与权利人之间的关系明确界定为信托。《著作权法》和《条例》所使用的“授权”一词，显然并不能简单等同于信托。《复函》有关信托的表述也非强制性要求。历史的经验与实践的普遍做法并不能成为界定二者关系的绝对依据，除了信托之外，不能一概排除代理或者转让等方式的存在，应当允许当事人在意思自治的基础上选择其自认为适当的关系模式。而单纯地将二者之间的关系定性为信托的做法实属作茧自缚，[3] 很大程度上限制了权利人授权方式的多样性，进而限制了著作权交易形式的多样性。值得注意的是，《著作权法》修改草案送审稿第 61 条已经尝试对此作出修正。[4] 其中，以“可以”这一用语突出强调了集体管理组织从事集体管理活动时的可选择性，消除了《条例》所可能产生的限于信托模式的误解，更好地契合了《著作权法》第 8 条的规定，无疑是一种对著作权私权属性的承认与回归。

2. 利益考量决定当事各方会作出理性的选择

（1）比较优势的存在不足以成为信托作为唯一关系模式的充分理由

不可否认，作为被世界各国集体管理制度所普遍采用的做法，[5] 信托与

---

[1] 如日本《著作权与邻接权管理事务法》第 2 条规定，关于“管理委托契约”的法律性质，包括两种类型。第一种是“信托契约”，其中的委托者通过这种契约将其著作权转移给受托者，后者受委托对前者作品的使用进行授权，或以其他方式管理相关的著作权；第二种是“委任契约”，委托者通过这种契约授权受托者作为代办或代理人对其作品的使用进行授权，并相应地管理相关的著作权。宋慧献、周艳敏：因应时代的著作权管理制度的革新——日本《著作权与邻接权管理事务法》评介，知识产权，2002 年第 5 期。

[2] 李锋：论我国著作权集体管理的性质，韶关学院学报（社会科学版），2005 年第 11 期。

[3] 代水平：试论中国著作权集体管理模式的选择，西北大学学报（哲学社会科学版），2010 年第 1 期。

[4] 该条规定：“著作权集体管理组织管理权利时，可以以自己的名义为著作权人和相关权人主张权利，并可以作为当事人进行著作权或者相关权的诉讼、仲裁活动。”

[5] 从各国的实践来看，目前大多数情况下集体管理组织与权利人的关系都是一种信托关系，比如德国的音乐表演权和机械复制权联合会、俄罗斯的著作权协会等都要求著作权人以信托方式授权。翟瑞卿：著作权集体管理的法律关系分析，法律适用，2003 年第 1、2 期合刊。

代理、转让等方式相比，确实具有一定的优势。首先，在信托关系中，受托人以自己的名义对信托财产实施管理，即意味着免除了受益人的财产管理责任及其风险负担，因此更易获得委托人的青睐。其次，在信托关系中，除信托文件和法律另有规定外，信托人与受益人不得随意干涉受托人行为。这使得受托人有更加独立的决策权来充分发挥保护信托财产的能力，使实现财产权增值效益最大化成为可能。最后，除信托文件有明确的保留撤销权外，委托人不可撤销或废止信托关系，这使得信托关系相对稳定。因此，将信托制度运用在集体管理制度当中，可增强集体管理组织的责任感，减轻权利人的责任，更利于保护权利人的合法权益。

相比较而言，如果将二者关系界定为委托关系，集体管理组织的管理行为将极大地受制于权利人的委托授权范围，徒增为实现有效管理而不断重新获取代理权的成本。如果将二者关系界定为转让关系，虽然使得集体管理组织可以权利人的身份行使权利，却在事实上强制性地剥夺了权利人处分其权利的自由。但是在信托关系下，亦存在着诸如权利人除了被动的受益权之外，不再对著作权享有任何其他的主动支配权利等弊端。[1] 应当说，无论是信托关系，还是代理关系、转让关系等均各有利弊，而比较优势的存在并不足以成为将信托作为二者唯一关系模式的充分理由。[2]

（2）应当尊重当事人基于利益考量的理性选择

集体管理组织与权利人之间不同的授权方式或者关系界定，会产生不同的法律后果，对各方当事人的利益也会产生不同的影响。一方面，权利人之所以选择加入集体管理组织，即在于其认为将著作权交由集体管理组织行使，会比自己行使或交由其他组织行使更符合利益最大化原则。与此同时，权利人作为能够判断自己利益最大化的理性经济人，应当享有充分的意思自治的

---

[1] 蒋万来：论我国著作权集体管理制度的完善，电子知识产权，2003 年第 11 期。

[2] 对此，的确有学者提出了不同意见，认为不应当将其界定为信托关系，而应当认定为代理法律关系。费安玲：著作权法教程，知识产权出版社，2003 年，第 208 页；来小鹏：版权交易制度研究，中国政法大学出版社，2009 年，第 264 页。显然，上述论断在摒弃一种单向思维的同时，却遗憾地选择了另一种单向思维的路径，仍不足取。

权利，完全可以根据自己的意志和需求，选择以何种方式在集体管理制度下行使自己的权利，彼此之间并无冲突之处。因此，立法应当承认和尊重集体管理当事人各方在涉及自身利益方面的理性判断能力，将其关系的界定交由当事人自己来决定，而不能越俎代庖，人为地预先加以设定。

二、授权范围应当是权利人利益自决的结果

(一)“小权利”与“大权利”之惑

著作权理论一般认为，根据某种权利的存在与行使对于作者利益的影响，可将著作权笼统地分为“大权利”和“小权利”。[1]

在《条例》制定过程中，对于可以由集体管理组织进行集体管理的权利范围，主要有以下意见：第一种意见认为，集体管理组织管理的权利范围，应以该组织与权利人的合同确定。既然前提是授权，没必要再通过立法限定。第二种意见认为，不必限定于权利人本人难以有效行使的权利。第三种意见认为，应当增加权利的范围，并为可能增加的权利预留接口。[2] 最终，第三种意见占据主导地位，《条例》采取任意性条款与“概括加列举”相结合的方式，一方面将集体管理组织管理的权利范围限定于权利人本人难以有效行使的权利，另一方面明确列举了相关权利内容。[3]

1. “难以有效行使”的并不仅限于“小权利”

可以说，“小权利”与“大权利”的划分在现场表演时代具有一定的合

---

[1] 其中，大权利是指著作权人自己可以单独行使的权利，大权利作品主要指戏剧作品，这些作品易于使用监督，多适于个人直接行使。小权利多指著作权中的表演权、放映权、广播权、出租权、信息网络传播权、复制权等，这些权利适于集体管理。WIPO：Collective Administration of Copyright and Neighboring Rights，Study on and Advise for，the Establishment and Operation Organization，WIPO Publication No. 688（E），1990。

[2] 金武卫：《著作权集体管理条例》主要问题评述，电子知识产权，2005年第2期。

[3] 《条例》第4条规定：“著作权法规定的表演权、放映权、广播权、出租权、信息网络传播权、复制权等权利人自己难以有效行使的权利，可以由著作权集体管理组织进行集体管理。”另外值得一提的是，《著作权法》第三次修改草案第一稿删除了“难以有效行使”这一限定词，在修改草案第二稿和第三稿及送审稿中均又增加使用了“难以行使和难以控制”的限定词。为行文方便，本书仍沿用《条例》的表述。

理性。但是，随着作品利用方式的日益多样化，一些原本基于使用频率较低且使用监督较易而纳入“大权利”的作品，开始变得难以由权利人完全控制。此时，权利人也需要集体管理组织帮助其管理作品，如发放许可证、收取版税、管理财务以及监督许可证的使用情况等。[1] 言外之意，传统意义上被认为难以行使的权利已不仅仅局限于“小权利”，因此，在集体管理领域内限制授权范围的“小权利”与“大权利”之划分面临着相当尴尬的处境，已经无法适应现实的需要。

2. 对《条例》所采用任意性条款与“概括加列举”方式的检视

如上所述，《条例》采用任意性条款与“概括加列举”的方式界定其权利管理范围，似乎遵循了私法意思自治的原则，给予权利人充足的自由选择权。有学者据此认为，该种不限制权利管理范围的做法有相当的科学性和立法技术性，既贯彻了著作权集体管理制度中的自愿授权原则，又为组织之间展开竞争创造了条件。[2]

事实却并非如此。首先，以“难以有效行使”这一兜底条款的形式作为授权范围的概括标准，本身即是一个“仁者见仁智者见智”的问题，不同的主体基于不同的视角，甚至同一主体基于不同的视角，均可能得出不同的结论。[3] 因此，以“难以有效行使”限定授权范围在很大程度上制造或增加了法律解释和适用上无谓的困难。其次，在实践中，集体管理组织往往借助其与权利人签订的集体管理合同，人为地将《条例》中的任意性条款曲解为强

---

❶ 李潇雨、王宏：对我国著作权集体管理模式的法理解析，华北电力大学学报（社会科学版），2011 年第 1 期。

❷ 代水平：试论中国著作权集体管理模式的选择，西北大学学报（哲学社会科学版），2010 年第 1 期。

❸ 如有的学者尝试从理论上予以归纳，认为可以交由集体管理组织管理的权利至少具备以下任一特征：①在该著作领域中有大量的著作数量；②作者或权利人不能合理地被找到；③由于利用著作时间上的紧迫性，以至于阻碍了权利人和利用人间协商的可能性；④在同种类或同等级互相竞争著作之间的差异价值相对有限；⑤对于那些作品而言，权利的价值并不值得个别地管理和实施权利；⑥权利人事实上无法监控所有的利用情况；⑦潜在的利用人无法被分别地辨识出来；⑧这些权利的本身并不是真正的权利，仅仅是政策上保护权利人的表示。David Sinacore-Guinn：Collective Administration of Copyrights and Neighboring Rights：International Practices，Procedures，and Organizations（Boston：Little，Brown and Company，1993），258。

制性条款，进而将《条例》中所明确列举的表演权、放映权等权利内容全部纳入集体管理的范围，排除权利人的选择权。同时，所谓的“预留接口”基本上无视权利人的要求和意愿，逐步演变成集体管理组织任意扩大“权利人本人难以有效行使”的权利范围的借口，排除了权利人自行决定授权范围的可能性。最后，出于成本与收益的考量，集体管理组织更加倾向于选择相对容易赚取较多利润的权利，而将其所认为的利润率较低的权利留给权利人自行行使，[1] 这一看似尊重权利人的做法恰恰违背了集体。

（二）授权范围应当更多地取决于权利人的利益自决

著作权是由包括著作财产权和著作人身权[2]在内的一系列权利组成的权利束，各项权利之间既有共同的属性和特征却又不牵连，在独立授权之后仍不影响未授权部分权利的正常行使。因此，权利人完全可以基于自身利益最大化的考虑，综合自身精力、能力等情况，自主决定授权范围。具体而言，权利人可以将全部著作财产权一体地授权集体管理组织行使；可以将著作权的各个权项拆分开来，只将其中一部分授权集体管理组织行使，其余部分由自己或者另外授权他人行使；可以将著作权的各个权项拆分开来，分别授权不同的集体管理组织行使。从这个意义上来看，与其将授权范围限制为“本人难以行使”，不如将其限制为“本人认为需要由集体管理组织行使”，更能保持著作权的私权本质，也更能体现依权利人的自由意志决定授权范围。

可以说，对授权范围的界定，实质上反映了集体管理组织与权利人对行使著作权所可能产生的利益的争夺。掌握的著作权权项越多，在著作权行使中的自主权就越大，可能获得的利益也就越大。但是，尊重著作权的私权属性是决定授权范围的基本原则；同时，尊重当事人的利益自决则需要实现各方利益的最大化。这一点需要市场实践的检验，既不能因陋就简，但也不是

[1] 在德国出现的情况似乎与此刚好相反。“会员通常必须将相同类别的全部权利移转给集体管理组织。自己不能保留某些易于实现的高回报的权利，而将一些维权成本较高的权利交给集体管理组织。” Martin Kretschmer：The Failure of Property Rules In Collective Administration：Rethinking Copyright Societies As Regulatory Instruments，European Intellectual Property Review，2002，134。

[2] 基于著作人身权的特殊性，其能否适用于集体管理制度，将在下面专门予以阐述。

多多益善，而应依量力而行之原则合理整合各种权利。[1] 甚至经过市场检验，得出适合与不适合由集体管理组织管理的权利的规律性结论，也不宜将其上升为法律规定，否则将可能因忽视权利人的意思自治特别是利益需要而阻碍著作权交易的发展。

（三）合作作品在集体管理中的授权问题

由两个以上的作者所完成的作品为合作作品。依据《著作权法》第 13 条的规定，[2] 合作作品分为可以分割使用的与不可分割使用的合作作品，二者在适用集体管理制度时对权利人的利益影响存在一定程度的差别。

对于不可分割使用的合作作品而言，由于作品使用上的同步性，合作作者应努力在作品是否交由集体管理组织管理上达成一致意见，并在合作作者之间合理分配使用费以满足其共同的利益需求。

对于可以分割使用的合作作品而言，由于著作权具有双重性质，即作品的整体著作权归全体合作作者共同享有，而作品各相对独立部分的著作权则由各部分作者单独享有，并且各个作者单独行使自己部分的著作权时，不得侵害合作作品整体的著作权。因此，在适用集体管理制度时，有可能出现不同的情形。[3] 而无论何种情形，均涉及个别作者的利益与全体作者的利益之间的冲突与协调的问题，应当在尊重作品整体著作权以维护全体作者利益的基本要求之下，允许个别作者基于对独立的著作权部分的授权获取额外的收益。此时，使用人应当分别向个别作者和全体作者支付相应的使用费。而如果将合作作品作为整体授权和使用，则应当将使用费在合作作者之间进行合理的分配，分配比例主要取决于合作作者之间的约定；如果没有约定或者约

---

[1] 蒋万来：论我国著作权集体管理制度的完善，电子知识产权，2003 年第 11 期。

[2] 该条规定："两人以上合作创作的作品，著作权由合作作者共同享有。没有参加创作的人，不能成为合作作者。合作作品可以分割使用的，作者对各自创作的部分可以单独享有著作权，但行使著作权时不得侵犯合作作品整体的著作权。"

[3] 这些情形包括但不限于：①作品的整体著作权授权集体管理组织，各个作者也将相对独立的著作权部分授权集体管理组织。②作品的整体著作权授权集体管理组织，而各个作者未将相对独立的著作权部分授权集体管理组织。③作品的整体著作权未授权集体管理组织，但各个作者将相对独立的著作权部分授权集体管理组织。

定不明，则应考虑各个作者在作品形成中的贡献大小；如果仍无法确定，则可以按照相同比例进行分配。

总之，对于合作作品适用于集体管理制度而言，特别是在是否授权集体管理组织以及具体授权范围上，一方面应当允许合作作者出于自身利益的考虑自主作出选择；另一方面，应当考虑合作作品的特殊性，从发挥合作作品最大效用的角度考虑，注重合作作者之间的利益协调，力争达到各方共赢的效果。

三、谁来维权——兼谈著作人身权在集体管理制度中的存在空间

1996年5月8日，音著协向上海市第二中级人民法院提起诉讼，以集体管理组织的名义，状告上海市演出公司等六家单位，请求诸被告支付演唱会上所演唱歌曲的著作权使用费。[1] 该案作为中国首例以集体管理组织为诉讼主体的案件，具有重要的开创性意义。可以说，集体管理制度的设计，不仅涵盖作品使用授权机制，还涉及当该机制无法正常运转时，集体管理组织能否及如何维权的问题，即集体管理组织能否以自己的名义进行涉及著作权的诉讼和仲裁，这一点对于集体管理组织的存在至关重要。如德国音乐表演权和机械复制联合会（GEMA），每年总收入超过10亿马克，数量可观。但收入中的50%以上不是依靠该组织正常运作收取，而是通过诉讼从使用者手中获得的。[2] 同时，考虑到集体管理制度所担负的维护和促进社会公共利益的宗旨，该种诉讼不再是以个人利益为中心的私人之间的纠纷，其所涉及的利害关系或利益分布呈现集团性或扩散性，当事人在诉讼过程中往往提出新的权利要求或者试图改变现有的利益分配格局。[3] 此时，如何设计相应的诉讼架构以利于维权就成为一个迫切需要解决的问题。

（一）集体管理组织的尴尬——个人维权的效果似乎更好

依据《条例》第2条的规定，经权利人授权，以自己的名义进行涉及著

---

[1] 许超：评中国第一起著作权集体管理机构参与的诉讼，中国专利与商标，1998年第4期。

[2] 刘春田：知识产权法（第四版），中国人民大学出版社，2009年版，第136页。

[3] 王亚新：社会变革中的民事诉讼，中国法制出版社，2001年，第263-266页。

作权或者与著作权有关权利的诉讼、仲裁等是集体管理组织所进行的集体管理活动之一，也是其维权职责所在。但是在实践当中，集体管理组织以诉讼等方式维权的效果并不理想，甚至面临单独维权可获更高赔偿的挑战。[1]

1. 个人维权所获赔偿数额比集体管理组织维权要高

2008 年 11 月 4 日，北京市海淀区人民法院开庭审理了音著协诉美廉美超市未经授权播放背景音乐《烛光里的妈妈》一案。音著协要求被告赔偿经济损失 1 万元，并支付合理费用 6500 元。该案系我国首例因背景音乐播放引发诉讼的案件。从结果来看，法院最终判决美廉美超市就其使用行为赔偿经济损失 500 元，支付维权的合理开支 1200 元。耗时几个月仅仅换来了 500 元的赔偿，可谓战线长、赔偿少，维权成本高。

相比之下，权利人以自己的名义针对侵权行为提起诉讼所获得的赔偿数额，往往高于集体管理组织维权所获得的赔偿。[2] 在成本收益的经济考量之下，权利人往往会选择放弃集体管理方式，使得集体管理组织陷于极为尴尬的境地，甚至其存在价值也随之大打折扣。

2. 个人维权所获赔偿数额比集体管理组织使用费标准要高

《著作权法》修改草案第一稿第 70 条规定参照集体管理使用费标准支付报酬。[3] 依据国家版权局的立法说明，该条的主要目的是解决目前实践中出现的非会员向已交费企业发起诉讼，而法院判赔标准远高于集体管理组织所定的使用费标准，部分会员要求退会并意图通过诉讼来重新索要使用费的情

[1] 李松、黄洁：著作权集体管理制度遭遇单独维权可获高赔偿挑战，http://www.legaldaily.com.cn/dfjzz/content/2010-11/11/content_2347855.htm?node=23594。

[2] 典型的如我国台湾地区著名音乐人叶佳修，近年来在国内不断提起著作权侵权诉讼，起诉对象均为当地规模较大且已向著作权集体管理组织支付过版权许可费用的 KTV。这些诉讼几乎毫无例外地得到法院支持，被告或是被判侵权赔偿，或是与其达成和解，向其支付远远高于集体管理组织在类似诉讼中所获得的赔偿数额。类似案例如，2012 年 9 月 17 日，韩寒状告百度文库侵权案在北京市海淀区人民法院宣判。法院一审认为百度构成侵权，判决百度赔偿韩寒经济损失 8.38 万元，但驳回了韩寒要求关闭百度文库的诉讼请求。杨砚文：数字版权保护：急需建立合作双赢机制，科技日报，2012 年 9 月 20 日，第 6 版。

[3] 该条规定："使用者依照与著作权集体管理组织签订的合同或法律规定向著作权集体管理组织支付报酬的，对权利人就同一权利和同一使用方式提起诉讼，不承担赔偿责任，但应当停止使用，并按照相应的集体管理使用费标准支付报酬。"

况。通过疏堵结合引导权利人运用集体管理制度，鼓励合法使用作品，减少当事人恶意诉讼，促进作品的合法传播和使用。

对于实践中出现的上述两种情形，抛开权利人可能的并非出于经济利益考虑的恶意诉讼等，在集体管理组织可以诉讼等形式维权的条件下，权利人甘愿承担高昂的成本自行维权，似乎并不能单纯地从经济利益的角度出发认识和思考这一问题。[1] 一方面，有必要明确相关司法审判标准，限制司法自由裁量权，明确集体管理组织所代表的是权利人集体的利益，进而以利益保护标准而非纯粹量化的、机械的标准确立赔偿标准，保持权利人自行维权与集体管理组织维权的赔偿标准相一致。另一方面，则有必要重新审视现行集体管理制度下的维权机制安排是否合理与有效。

（二）集体管理组织与权利人之间诉权的分配

按照民事诉讼的一般理论，在通常情况下，实体法律关系主体应当享有相应的诉权而为适格当事人。[2] 如果权利人自行行使著作权，其作为实体权利义务的享有者与承担者，以适格当事人的身份享有诉权自无疑义。但是在集体管理制度下，基于权利人与集体管理组织之间不同的法律关系，二者在诉权的分配上也呈现出不同的形态。

1. 集体管理组织在代理与转让关系下的诉讼地位

如上所述，权利人与集体管理组织可以依据意思自治的原则，自行选择二者之间的关系模式，包括信托、代理及转让等。在代理关系模式下，有学者主张集体管理组织可以权利人的代理人的身份提起诉讼，在诉讼中处于原告的诉讼代理人的地位。[3] 此种观点实际上是将民事代理人误解为诉讼活动中的代理人。换言之，是将民法中的委托代理制度不恰当地延伸至诉讼法中的诉讼代理制度。具体而言，民法中的代理人可以是自然人、法人或者其他组织，而诉讼代理人则仅仅局限于自然人，因此，集体管理组织作为社会团

---

[1] 当然，如果集体管理组织所确立的收费标准与市场定价之间的差额在权利人可以接受的范围内，理应在很大程度上减少类似的诉讼，毕竟经济利益是权利人重要的利益诉求之一。

[2] 刘学在：著作权集体管理组织之当事人适格问题研究，法学评论，2007 年第 6 期。

[3] 周俊强：著作权集体管理的法律性质，法学杂志，2003 年第 3 期。

体法人是不可能成为诉讼中的代理人的。至于考虑到著作权诉讼案件的专业性，权利人自行选择具有专业知识和业务能力的集体管理组织成员作为其诉讼代理人，则属于其意思自治的范畴，当无不可。需要强调的是，此时作为诉讼代理人的集体管理组织成员，与其所在的集体管理组织之间是相互独立的，前者并不代表集体管理组织，而是以权利人的名义进行相关的诉讼活动，这一点与普通的民事诉讼代理并无二致。而在转让关系模式下，由于集体管理组织已具备法律意义及事实意义上的权利人身份，其以自己的名义进行诉讼自然无可厚非。

2. 信托关系下的诉权分配

如上所述，由于历史及实践做法的影响，我国一般将集体管理组织与权利人之间的关系界定为信托关系。而在具体运作中，集体管理组织也是以自己的名义而非权利人的名义参加维权诉讼。但是，信托关系背景下的集体管理组织的诉权是否属于当然取得，诉权在集体管理组织之间和权利人之间应如何分配，一直是维权过程中亟待解决的难题。

（1）集体管理组织不能基于信托关系直接取得诉权

应当说，赋予集体管理组织独立进行包括诉讼在内的管理与维权活动的权利，主要是从减少交易成本和提高使用效率的角度考虑的。[1] 但是，从著作权的私权属性出发，权利人针对侵犯著作权的行为所享有的诉权也应属于其个人有权保留的权利。有学者从集体管理组织与权利人之间的信托关系出发，认为即使在集体管理信托合同中没有约定受托人可以自己的名义提起诉讼，作为受托人的集体管理组织仍然是享有诉权的。[2]

应当说，现行立法对集体管理组织的诉权一直持谨慎态度，虽然明确其可以自己的名义参与诉讼，但又将“权利人的授权”作为必备的前提条件。

---

[1] “由于著作权集体管理组织面临着大量的侵权行为，如其不具有独立诉权，对于开展工作、维护权利人利益、对付各种侵权行为，都极为不利。所以，集体管理组织对于侵权行为具有独立诉权是国际上通行的惯例。”张隽：著作权集体管理组织的诉权，金陵科技学院学报（社会科学版），2005 年第 4 期。

[2] 刘学在：著作权集体管理组织之当事人适格问题研究，法学评论，2007 年第 6 期。

而非“本来，这是不言而喻的。但是，只因我国长期实行计划经济，且缺少著作权集体管理制度的实践，不得不以法定的形式予以规定”[1]。《复函》就音著协的诉讼地位问题作出如下规定：“发生纠纷时，根据合同在委托权限范围内有权以自己的名义提起诉讼。”显然，《复函》将集体管理组织以自己的名义提起诉讼的前提条件，限定为在双方的合同中就诉讼授权的特别约定。也就是说，集体管理组织并不能依据其与权利人之间的信托关系自动获得以自己的名义提起诉讼的权利。对此，最高人民法院《关于审理著作权民事纠纷案件适用法律若干问题的解释》沿袭了这一做法。[2] 据此，“集体管理组织参加诉讼不需要权利人的授权，诉讼结果也直接由集体管理组织直接承受”的论断，[3] 既无视实践做法也有违立法规定，显然是不成立的。

（2）诉讼信托的禁止[4]

我国《信托法》第 11 条明确禁止诉讼信托，规定专以诉讼或者讨债为目的设立信托的，其信托无效。也就是说，集体管理组织得以自己的名义进行诉讼的前提在于权利人的明确授权，并且这一授权必须是双方在签订集体管理合同时事先的一体授权，权利人不能在侵权行为发生后，基于追究侵权者相关责任的单一或专门的诉讼目的，而与集体管理组织设立新的信托，以防止权利人或集体管理组织滥用诉权。此时，从维权的角度出发，权利人仍然可以委托代理的方式寻求集体管理组织（实为其成员）的协助，既不会触犯诉权信托的禁止性规定，也不会阻碍其寻求权利救济的途径。

（3）诉权在权利人与集体管理组织之间的分配

鉴于著作权私权属性的考虑，不宜对包括诉权在内的权利行使问题在集体管理制度框架内作出唯一性的规定。例如，德国、日本和西班牙的著作权

---

[1] 许超：我国著作权集体管理的立法现状，中国专利与商标，2004 年第 1 期。

[2] 该《解释》第 6 条规定：“依法成立的著作权集体管理组织，根据著作权人的书面授权，以自己的名义提起诉讼，人民法院应当受理。”

[3] 李正华：网络环境中的著作权集体管理制度研究，信息网络安全，2006 年第 3 期。

[4] 所谓“诉讼信托”，是指委托人出于诉讼的目的而设立信托，由受托人取得有关的财产权利并可以以权利人的地位（即以自己的名义）进行诉讼。王甲乙等：当事人适格之扩张与界限，载自：自民事诉讼法研究基金会：民事诉讼法之研讨（六），台湾三民书局，1997 年，第 49 页。

法在总则中明确规定，集体管理活动包括集体管理组织以自己的名义和以权利人的名义主张权利的活动。而更多的国家对于集体管理组织取得和行使权利的方式没有明确规定。❶ 即使包括我国在内的有些国家或地区明确集体管理组织以“自己的名义”开展集体管理活动，❷ 也应当从授权性规范而非强制性规范的角度来理解类似规定。言外之意，权利人仍保留了自行行使权利的余地。具体到维权领域，即涉及诉权在权利人与集体管理组织之间的分配问题。

《复函》对于权利人将著作权授予集体管理组织行使之后的诉权问题给予了特别的保障。❸ 对此，有学者认为这种规定是不合适的。❹ 应当说，严格而单纯地依照信托理论所推导出的论断看似严密，但其忽略了私权这一著作权的本质属性，而从某种程度来看，诉权的享有是私权真正得以体现的必要条件和切实保障。即使权利人将权利授权集体管理组织之后，对侵权人提起诉讼的可能性几乎很少存在。❺ 但是，前文所述个人成功维权的案例，则从一个侧面说明目前的司法实践当中，并不排斥与集体管理组织存在信托关系的权利人依然享有诉权的可能性。

至于《条例》第 20 条的规定，❻ 因其凸显集体管理组织滥用垄断优势的弊端而饱受批评，甚至会因“平行授权”制度的推行而被废止。更重要的

❶ 金武卫：《著作权集体管理条例》主要问题评述，电子知识产权，2005 年第 2 期。

❷ 我国台湾地区“著作权集体管理团体条例”第 39 条规定，集体管理团体执行集管业务，得以自己之名义，为著作财产权人之计算，为诉讼上或诉讼外之行为。但刑事部分，以集体管理团体受专属授权或信托让与者为限。前项所称诉讼上行为，指提起民事、行政诉讼及刑事案件之告诉及自诉；所称诉讼外行为，指诉愿及其他行为。

❸ 《复函》规定：“音乐著作权人在其著作权受到侵害而音著协未提起诉讼或者权利人认为有必要等情况下，依法仍有权提起诉讼。”

❹ 因为在存在信托合同的条件下，有关的著作权已经信托给著作权集体管理组织，其实体上的管理、处分权与程序上的诉权均归属于著作权集体管理组织；信托关系在终止之前，著作权人本人无权作为适格的当事人起诉。故此，即使在上述情形下，著作权人本人也不当然地直接享有诉讼实施权，其只有在先解除与著作权集体管理组织之间的信托合同关系时，才能够成为适格的当事人。刘学在：著作权集体管理组织之当事人适格问题研究，法学评论，2007 年第 6 期。

❺ 胡开忠：知识产权法比较研究，中国人民公安大学出版社，2004 年，第 26 页。

❻ 该条规定：“权利人与著作权集体管理组织订立著作权集体管理合同后，不得在合同约定期限内自己行使或者许可他人行使合同约定的由著作权集体管理组织行使的权利。”

是，这一规定已经被上述司法实践所突破而虚置化，并不能作为限制权利人诉权的法律依据。

（三）维权的范围——著作人身权不适用集体管理制度

权利人的人身利益与财产利益共存于作品当中，共同构成著作权的内容。在大陆法系国家，基于著作人身权带有强烈的人身属性，一般认为其不得转让、继承，也不得授权他人行使。如果沿袭这一思路，在集体管理制度中，则应当将适用于集体管理的权利严格限定在著作财产权，而发表权、署名权、修改权及保护作品完整权等著作人身权必须由权利人自己行使和管理。但从理论和实务的角度考察，对人身权是否适用集体管理制度并无绝对一致的认识与做法。在 David Sinacore-Guinn 对集体管理组织所下的定义中指出："一个集体管理组织是法律上所认可的实体，其利用集体化的交易技术，通过对一个国家中相当比例的创作者其作品的经济和人格权利进行管理，实现权利人的经济及人格利益。"❶ 显然，这一定义明确将著作人身权纳入集体管理的范畴当中。而 CISAC 在其章程第八条所规定的成为其会员的要件中则指出："可以成为其会员者：（a）应有效地促进权利人的人格利益，并维护创作者及出版者的物质利益为其目标……"❷ 这一要件也承认了集体管理组织对于权利人著作人身权的关注。

而在我国，主流观点一般将著作人身权排除在集体管理制度之外。如果权利人因其著作人身权受到侵犯，出于对集体管理组织专业维权能力的信任与认可，而授权委托其专家成员在诉讼中作为自己的代理人，实际上只是普通的民事诉讼委托代理关系。"基于权利人的特别授权，针对同一侵权人，著作权集体管理组织可以在提起财产侵权之诉时一并提起人身侵权之诉。但是，这与著作权集体管理组织并不相干。"❸ 换言之，集体管理制度所涵盖的权利范围仍应局限于著作财产权，若其成员参与诉讼以维护权利人的著作人

❶ David Sinacore - Guinn: Collective Administration of Copyrights and Neighboring Rights: International Practices, Procedures, and Organizations. Boston: Little, Brown and Company, 1993, 194。

❷ http://www.cisac.org/CisacPortal/page.do?name=rubrique.3.1。

❸ 周俊强：知识产权的基本理念与前沿问题，安徽人民出版社 2006 年版，第 103 页。

身权，则必须基于权利人的特别授权，而非集体管理组织不得不为之事。至于有学者认为，集体管理组织对著作人身权实施管理，是对传统信托财产概念的挑战，即此时信托财产以人身损害的赔偿金形式存在，不仅信托财产的概念被泛化了，信托客体的范围也再次得到拓展。❶ 应当说，此种认识不仅破坏了著作人身权与著作财产权共存的和谐关系，也冲击了相对成熟稳定的信托财产理论，当不可取。而实践当中，如音著协也只是针对侵犯著作财产权的使用行为进行起诉，而对侵犯著作人身权的诉权都是由权利人保留的。❷

值得注意的是，虽然在我国集体管理实践中，也出现过权利人自愿将著作人身权授权集体管理组织行使的情况，但是该种出于当事人自由意愿的意思表示，因为违反了著作人身权不应转让的一般原则，并不产生法律上的效力，更不应看作对上述原则的突破。

四、二者关系的异化——延伸性集体管理与强制性集体管理的出现及评判

一般而言，权利人将其权利授权集体管理组织行使完全是出于自愿的。❸ 显然，著作权行使的最理想方式是由权利人自行个别授权，其次是采用集体管理制度，最后才是非自愿性授权。出于特殊原因的考虑，立法往往规定在某些特殊场合，集体管理活动可以突破自愿性原则，而扩展至更为广泛的领域。其中，最为典型的当属延伸性集体管理与强制性集体管理。

---

❶ 刘韶华：信托视角下的著作权集体管理制度，法律适用，2006年第5期。

❷ 祝文明、黄伟：北京高院专题研讨著作权集体管理，中国知识产权报，2011年9月28日，第8版。

❸ “凡由于使用频繁和其他有关情况，个人行使著作权或邻接权变得不切实际，或者得不偿失时，集体管理则是必要的。凡有可能，都应尽量采用集体管理制度而不采用非自愿许可制度，但将集体管理扩大适用于没有重大实际困难和经济损失就可以由个人管理的权利，则是不可取的。”世界知识产权组织国际局：著作权和邻接权的集体管理的基本原则，载自：国家版权局，著作权的管理和行使文论集，上海译文出版社，1995年，第31页。

（一）延伸性集体管理

1. 概述

在我国的集体管理实践中，集体管理组织的收费活动由于直接影响使用者的经济收益而遭到其质疑和抵制尚可理解，但有时却遭遇权利人的反对甚至对簿公堂。究其原因，在于集体管理组织不可能获得所有权利人的授权，因此，未加入集体管理组织的权利人往往认为集体管理组织无权就其作品的使用收费。而对于已经交纳费用的使用者而言，依然面临着侵权风险。如在卡拉 OK 授权业务中，尽管中国音像著作权集体管理协会（以下简称为“音集协”）会员授权的作品已占到市场使用率的 90%以上，但使用者仍然可能面临被非音集协会员起诉侵权的风险。对此，音集协在向卡拉 OK 经营单位承诺负责解决所有版权问题的同时，也无奈地表示这并不是解决问题的最好选择。[1] 之所以出现如此尴尬的局面，与我国延伸性集体管理制度的缺失不无关联。

所谓延伸性集体管理，也称扩展性集体管理，是指在满足一定条件的情况下，集体管理组织与使用者签订的作品使用许可合同的效力不仅及于会员，也延及至非会员。[2] 该制度的出现，最初是出于增加集体管理组织所获授权、扩大其代表性的主观需要，毕竟集体管理活动的前提在于权利人的授权。但是，随着权利人不明的孤儿作品、多重著作权作品等日益增多，特别是数字化时代权利人认定难度日益增大，使得集体管理制度面临难以解决的授权困境，如何解决此时个人利益与公共利益之间的矛盾，渐次成为延伸性集体管理得以存在的客观因素。

但是，延伸性集体管理实质上是对非会员作品的非自愿许可使用，在很大程度上有违非会员权利人的意愿，因此各国普遍对该制度持非常谨慎的态

---

[1] 马继超：中国的音像著作权集体管理，中国专利与商标，2009 年第 2 期。

[2] Daniel Gervais：Application of an Extend Collective Licensing Regime in Canada：Principles and Issues Related to Implementation，June 2003，15，http：//www.canadianheritage.gc.ca/progs/ac-ca/progs/pda-cpb/pubs/regime/ regime_ e.pdf。

度。一般而言，一个集体管理组织只有在全国范围内具备充分的代表性，❶而且运作成熟良好，包括有成熟的许可费收集分配机制，完善的数字处理技术、高水平的国际协调能力等，才适合采取延伸集体管理制度。❷

2. 延伸性集体管理模式的利益解读

延伸性集体管理作为一种新型的授权机制，对扩大集体管理组织的代表性和提升使用者使用作品的安全性具有积极意义，但却以牺牲权利人的入会自愿原则为代价，特别是有违非会员权利人处分自己作品的意愿，因此，如何平衡与协调权利人、集体管理组织及使用者在延伸性集体管理框架下的利益关系，即显得尤为重要。

（1）非会员权利人的得与失

从未加入集体管理组织的权利人角度来看，实施延伸性集体管理无疑在一定程度上是对其权利或者意思自由的限制或剥夺，颠覆了著作权作为私权，其行使取决于权利人自身意愿的传统理念。对此，WIPO 明确指出：在权利人对个人行使权利和集体管理权利二者之间加以选择方面，应尊重他们加入权利人协会的自由。❸ 从交易成本的视角来看，由于零交易成本毕竟只是一种假设，财富最大化原则要求在初始阶段把权利赋予那些可能是最珍视它的人，以此来实现交易成本的最小化。❹ 延伸性集体管理即试图借助集体管理组织这一平台完成权利的初始分配，不仅扩大非会员权利人作品的传播范围，而且使非会员权利人更有可能实现获得报酬权。事实上，非会员权利人在缺乏延伸性集体管理的环境下，从使用者处获取相应使用费对其来说绝非易事。换一个角度来看，与另外两种非自愿许可即“法定许可”与“强制许可”相比，延伸性集体管理模式对权利人的损害可能更小。

---

❶ 刘丽娟：版权集体管理组织的立法思考，中国版权，2002 年第 1 期。

❷ 罗向京：集体管理：信息技术与著作权制度的相谐之点，河北法学，2009 年第 9 期。

❸ 世界知识产权组织国际局：著作权和邻接权的集体管理的基本原则，载自：国家版权局，著作权的管理和行使论文集，上海译文出版社，1995 年，第 31 页。

❹ ［美］理查德·A. 波斯纳：正义/司法的经济学，苏力译，中国政法大学出版社，2002 年，第 71 页。

（2）集体管理组织与使用者的利益取向更为一致

广泛的代表性是集体管理组织有效运作的基础。集体管理组织依据授权代表权利人行使著作权，其所吸纳的权利人越多，意味着其所获权利人的授权越多，其代表性也越强，可以更加有效地发挥其作用。但也要看到，在完全自愿加入的情况下，任何一个集体管理组织均不可能获得所有权利人的授权。从理论上讲，集体管理组织所获得的授权是一个无限扩大的过程，却无法实现穷尽的最终结果。但延伸性集体管理的神奇之处即在于，其在事实上帮助集体管理组织实现了这一看似不可能的目标。而这一点对于使用者而言显得尤为重要。

一般来说，使用者即使获得集体管理组织发放的一揽子许可，但仍有可能存在两个顾虑：一是集体管理组织的许可范围不能涵盖自己所使用的全部作品；二是集体管理组织因为缺乏非会员的授权而不能代为收取非会员的许可费。延伸性集体管理模式的出现，恰恰可以免除使用者因上述两种情形所可能面临的侵权指控。显然，从目的来看，与其将延伸性集体管理看作是对权利人的某种限制，不如看作是对使用者侵权责任的免除更为贴切，[1] 而这一点又与扩展集体管理组织代表性的目标不谋而合，更加凸显其促进尽可能多的作品传播，满足社会公众对作品需求的公益目标。

3. 可行的方案——兼对《著作权法》（修改草案）的评析

《著作权法》第三次修订引入了延伸性集体管理制度，修改草案第一稿第60条规定："著作权集体管理组织取得权利人授权并能在全国范围代表权利人利益的，可以向国务院著作权行政管理部门申请代表全体权利人行使著作权或者相关权，权利人书面声明不得集体管理的除外。"这一规定一经公布，即引起了来自权利人、产业界、理论界等各方面的强烈质疑。在众多反对意见中，大多以我国集体管理制度尚处于起步阶段、组织建立时间尚短、

---

[1] 《著作权法》（修改草案）送审稿第74条第1款规定："使用者使用权利人难以行使和难以控制的权利，依照与著作权集体管理组织签订的合同向其支付会员的报酬后，非会员权利人就同一权利和同一使用方式提起诉讼的，使用者应当停止使用，并按照相应的著作权集体管理使用费标准赔偿损失。"

代表范围尚不全面、运作机制尚不健全为由，认为我国尚不具备引入延伸性集体管理的条件。❶

必须看到，在公众对集体管理制度尚感陌生的背景下，各方对更为超前的延伸性集体管理的质疑和不解也是十分正常的事情。当然，其中也不排除由于媒体对该制度的某些误读，加剧了权利人对“被代表”的恐慌感与抵触情绪，以及可能丧失对自己作品控制权的失落感和无助情绪，使得其对该制度所可能达到的目的并未形成准确和理性的认识。而从深层次意义上解读，对该制度的质疑实质上仍然反映了个人利益与公共利益之间的博弈。但无论如何，该制度的确是拓展了集体管理组织所管理的作品数量和权利范围，❷从数字化时代对该制度的客观需要和立法应保持适当的“前瞻性”出发，《著作权法》修订仍坚持保留该制度，并结合各方意见在之后的草案稿及送审稿中对具体内容不断进行调整，❸试图通过增加必要的限制条件，更多地发挥其积极效果而抑制其消极影响。

（1）集体管理组织的代表性

如前所述，集体管理组织在全国范围内具备充分的代表性，是实施延伸

❶ 其中典型代表如，音著协于 2012 年 4 月 27 日正式提交国家版权局的《关于〈著作权法〉（修改草案）的修改意见》第 19 条指出：“第六十条和第七十条现有的表述容易给广大权利人以著作权集体管理组织‘通吃’所有权利的印象，因为没有附加任何限定条件。协会强调：著作权的法律本质是私权，著作权集体管理的基础是著作权人的授权。对于是否引入延伸的著作权集体管理制度，协会的态度是一贯的和明确的，那就是在著作权人个体难以行使权利的特定权利领域，比如说广播权和表演权这些世界上都只能采用著作权集体管理制度才能解决授权问题的领域才可以适当引入延伸性著作权集体管理的制度，以解决使用者和权利人之间关于著作权海量使用和海量授权的两难问题，且该延伸性制度应以著作权集体管理组织已经拥有广泛的权利代表性为前提，绝非是不加任何限定条件的现有第六十条和七十条的表述。因此，协会不赞成现有第六十条和第七十条的规定，建议删除。”

❷ 赵宾：个人授权模式的兴起与著作权集体管理制度的变革，河南社会科学，2009 年第 3 期。

❸ 《著作权法》（修改草案）第二稿第 60 条规定：“著作权集体管理组织取得权利人授权并能在全国范围内代表权利人利益的，可以就下列使用方式代表全体权利人行使著作权或者相关权，权利人书面声明不得集体管理的除外：（一）广播电台、电视台播放已经发表的文字、音乐、美术或者摄影作品；（二）自助点歌经营者通过自助点歌系统向公众传播已经发表的音乐或者视听作品。著作权集体管理组织在转付相关使用费时，应当平等对待所有权利人。”《著作权法》（修改草案）第三稿第 63 条规定：“著作权集体管理组织取得权利人授权并能在全国范围内代表权利人利益的，可以就自助点歌系统向公众传播已经发表的音乐或者视听作品以及其他方式使用作品，代表全体权利人行使著作权或者相关权，权利人书面声明不得集体管理的除外。著作权集体管理组织在转付相关使用费时，应当平等对待所有权利人。”送审稿内容同第三稿。

性集体管理的重要条件。虽然草案稿中对实施延伸性集体管理的集体管理组织均要求“取得权利人授权并能在全国范围内代表权利人利益”，但是，“能在全国范围内代表权利人利益”显然是一个较为笼统的说法。应考虑从所获授权的权利人人数或比例，或者所获授权的作品数量或比例等方面，作出更为细致的特别是可以量化的标准规定，使得该条款的规定更具有可操作性。

（2）权利保留

为了缓解延伸性集体管理限制权利人意思自治所可能造成的对立局面，应当赋予权利人以“声明”的方式排除集体管理的权利，以此体现著作权的私权属性及权利人对自己作品的处分权。这一权利保留方式的存在避免了集体管理所遵循的自愿原则与延伸性集体管理相抵触，被认为是一种比较巧妙和有效的管理模式。[1]《著作权法》的三个修改草案稿及送审稿均肯定了这一做法。至于“声明”本身，相关草案目前只是就声明必须采用书面形式作出了明确要求，对于声明的效力以及向谁声明等问题尚需进一步明确和细化，否则将会使该条规定因缺乏可操作性而影响权利人的预期。

（3）范围限制

出于对权利人自由行使和控制权利的保护，必须在法律上明确将延伸性集体管理限制在必要的最小范围之内，如文学和音乐著作的广播权、复印重制权、有线再播送等，[2] 以保证其良性运行和各方利益的平衡。修改草案第一稿因为对该制度的适用范围未作任何限制而饱受批评。之后的两个修改草案稿及送审稿对此有所改进，但表述方式却存在差异。具体而言，第二稿规定该制度的适用范围包括：①广播电台、电视台播放已经发表的文字、音乐、美术或者摄影作品；②自助点歌经营者通过自助点歌系统向公众传播已经发表的音乐或者视听作品。需要强调的是，该条并未使用兜底条款，从而将该

---

[1] Mihaly Fiscor：Collective Management of Copyright and Related Rights in the Digital Networked Enviroment，in Daniel Gervais（ed），Collective Management of Copyright and Related Rights，，2006 Kluwer Law International BV，The Netherlands，38，47-50。

[2] Henry Olsson：The Importance of Collective Management of Copyright and Related Rights，WIPO Doc. WIPO/ CR/KRT/05/4，January 2005，4。

制度的适用范围严格限制在上述两种情形之下。而第三稿及送审稿对此则表述为“可以就自助点歌系统向公众传播已经发表的音乐或者视听作品以及其他方式使用作品，代表全体权利人行使著作权或者相关权”。显然，第三稿及送审稿以使用兜底条款的表述方式代替了第二稿所采用的完全列举的表述方式，增加了该条款适用中的不确定性，不免让权利人产生该制度下任意扩大作品使用方式的担忧，加深了原本即已存在的抵触情绪，实在是一种得不偿失的做法。应当说，采用完全列举的表述方式更能体现对作为私权的著作权的尊重，也更利于延伸性集体管理的建立和推广。

（4）期限限制

既然延伸性集体管理被认为是对权利人控制作品权利的剥夺，则其期限不宜过长。因此，明确规定其最长期限，有助于使作品尽早回归由权利人自由控制与支配的状态，在一定程度上削减该制度所可能带来的负面影响。但是，目前的修改草案稿及送审稿中对此均未作规定，应当在后续的草案修改中加以完善。

（5）公平分配

延伸性集体管理对于非会员权利人的一个利好之处在于，其可以更有效地实现非会员权利人的获取报酬权，这一点也可以看作是其因限制非会员权利人而必须承担的对价义务。而在我国集体管理的付酬机制并不完善、权利人所获报酬屈指可数的情况下，对公平分配的强调显得尤为重要。虽然第一稿对此未作出规定，但之后的两个修改草案稿及送审稿均弥补了这一缺陷，明确规定：“著作权集体管理组织在转付相关使用费时，应当平等对待所有权利人。”也就是说，并不会因为该制度所涉及的权利人的非会员身份，而在使用费分配方面实施差别对待，这也符合民事主体一律平等的基本原则。

（二）强制性集体管理

所谓强制性集体管理，是指法律明确规定权利人的某些权利尤其是报酬请求权，只能通过集体管理组织来行使。换言之，在这些情形之下，著作权人必须接受集体管理，才可以获得报酬。与延伸性集体管理相类似，强制性集体管理亦排斥权利人的意思自治。[1] 而各国立法也对强制性集体管理的适用范围作出了明确限定。例如，德国《著作权法》规定，美术作品追续权、公共借阅报酬请求权、转载转播报纸文章、广播评论报酬请求权、录音录像报酬请求权、文字作品复印报酬请求权等，必须通过集体管理组织行使，否则权利人不享有该权利。[2] 匈牙利《版权法》第25条第3款规定："已发表的音乐和文学作品的公开表演权必须接受强制性集体管理。它所涉及的仅是那些所谓的小权利……"此外，该法第27条重申："……然而，在音乐和文学作品方面，强制性集体管理只限于小权利。"[3] 而技术进步所带来的著作权权利类型及作品利用方式的多样化，使得强制性集体管理一定程度上代表了集体管理的发展趋势。欧盟理事会1993年通过的《卫星指令》规定电缆转播权只能由版权集体管理机构行使。[4] 意大利、英国等国家据此在各自的著作权法中确立了强制性集体管理，且将其范围亦限定于电缆转播权。1995年，法国在影印复制权集体管理中引入强制性集体管理，规定权利人只能通过集体管理机构主张权利。[5]

《著作权法》修改草案第三稿及送审稿第64条规定了强制性集体管理。[6] 该条规定遵循了强制性集体管理主要针对权利人的报酬请求权这一普遍做法，分别对应第14条所规定的本质上属于报酬请求权的追续权，以及第40条所规定的录音制作者对他人以表演和播放的方式使用其录音制品的获酬权。

最后值得一提的是，"集体管理是权利人的一种权利，故他有享受的权

---

[1] 对此，WIPO明确要求："对伯尔尼公约和罗马公约规定不得限制为一种单纯的获酬权的专有权，不应强制实行集体管理。即使对于单纯的获酬权，规定强制性集体管理也只有在不得已的情况下才被认为是合理的。"世界知识产权组织国际局：著作权和邻接权的集体管理的基本原则，载自：国家版权局，著作权的管理和行使文论集，上海译文出版社，1995年，第31页。

[2] 韦之：论著作权集体管理机构管理的权利——关于著作权法修订稿的思考，法商研究，1999年第3期。

[3] ［德］西尔克·凡·莱温斯基：专有权的强制性集体管理——与国际版权法和欧盟版权法相一致的案例研究，刘跃伟译，版权公报，2004年第1期。

[4] 王芝：网络传播与著作权集体管理，知识产权，2000年第2期。

[5] 许若群：网络作品集体管理制度初探，知识产权，2002年第2期。

[6] 该条规定："著作权和相关权权利人依据本法第十四条和第四十条享有的获酬权，应当通过相应的著作权集体管理组织行使。"

利而没有接受的义务，法律有明文规定的除外。”[1] 延伸性集体管理和强制性集体管理的出现，改变了传统的集体管理授权方式，使得集体管理组织的运行基础不再局限于权利人的授权，在一定程度上突破了现行集体管理制度单一的私法调整框架，以至于在对集体管理制度的概念界定上也需要作出相应调整。《条例》第 2 条指出，集体管理的前提在于集体管理组织必须经过权利人的授权，而修改草案稿及送审稿则表述为“著作权集体管理组织是根据著作权人和相关权人的授权或者法律规定”，其中，“法律规定”即针对延伸性集体管理和强制性集体管理而言，目的在为其提供必要的法律依据。

五、并非绝对的终结——权利人退出集体管理组织后的关系处理

遵循权利人行使权利的自愿原则，退出与加入集体管理组织一样，均取决于权利人的意愿，《条例》第 21 条亦肯定了这一点。[2] 据此，一方面，为平衡权利人与集体管理组织之间的力量对比，退出集体管理组织仅仅是权利人单方的权利，集体管理组织并无权利要求权利人退出。另一方面，权利人退出集体管理组织的限制更多地来自章程所设立的程序性要求，并不要求权利人提供任何实体性理由。而从各国立法来看，程序性要求主要是指退出须在业务年度终结或者经过一定的预告期间，其目的则在于方便权利人的收益结算等。

权利人虽然享有自由退出集体管理组织的权利，但是也要看到，权利人退出集体管理组织仅仅意味着二者之间所签订的集体管理合同的终止。考虑到集体管理组织与使用者所签订的许可使用合同的稳定性与安全性，权利人的退出对该合同的效力与继续履行并不产生影响。《条例》第 21 条亦肯定了这一点，既体现了对权利人自由退出的尊重和经济利益的保护，同时又维护既存的许可使用合同的有效性以保障使用者的预期利益，较好地实现了各方

[1] 韦之：知识产权论，知识产权出版社，2002 年，第 59 页。

[2] 该条规定：“权利人可以依照章程规定的程序，退出著作权集体管理组织，终止著作权集体管理合同。但是，著作权集体管理组织已经与他人订立许可使用合同的，该合同在期限届满前继续有效；该合同有效期内，权利人有权获得相应的使用费并可以查阅有关业务材料。”

当事人之间的利益平衡。

与之类似的情况出现在权利人在集体管理合同期满之前死亡的场合。由于权利人授权集体管理组织行使的著作财产权并不因其死亡而灭失，在著作财产权的保护期内，可能出现以下几种不同的处理方式：[1] ①依据集体管理组织的章程规定，接纳权利人的继承人为会员，由其继承人作为集体管理合同的当事人继续履行合同，享受由合同所带来的经济收益。如果继承人是多人，必须从继承人中推选或公证一位代表入会。[2] ②如果权利人的继承人不愿成为会员，则按权利人退会处理。但是如果存在尚处于有效期的许可使用合同，则该合同在期限届满前继续有效，继承人有权获得相应的使用费。③如果权利人无继承人或继承人丧失继承资格，则许可使用合同在期限届满前仍然继续有效，集体管理组织可将所收取的使用费纳入公益性基金，用于会员福利或者相关文化产业的发展。

对于集体管理组织而言，权利人自由退出难免影响使用者对所获许可使用授权的正常预期。为保证自身管理作品数量的相对稳定性和授权的权威性，集体管理组织往往凭借其雄厚的实力甚至是垄断地位优势，对权利人的退出设置种种限制条件。[3] 对此，既要从集体管理组织利益角度出发，认识到该种限制一定程度上的合理性，又要将该种限制控制在可以容忍的限度以内，否则将面临反垄断法的规制。而从这个意义上看，保证权利人自由退出的权利，也是抑制集体管理组织滥用垄断地位的有效手段。

第二节　使用者与集体管理组织及权利人

早期的著作权许可使用，由于范围有限及方式单一，往往采取权利人自

---

[1] 我国台湾地区“著作权集体管理团体条例”第 13 条规定，会员死亡时视为退会，显然并未虑及权利人的继承人对于作品所可能享有的权利，处理方式显得过于简单。

[2] 蒋凯：中国音乐著作权管理与诉讼，知识产权出版社，2008 年，第 45 页。

[3] 如要求会员签署长期的许可协议、设置很长的退会通知期限、限制向即将退会的会员发放许可费、要求退会后一段时间里继续授权、对转会会员实施财产上的惩罚等。崔国斌：著作权集体管理组织的反垄断控制，清华法学，2005 年第 1 期。

行授权的方式。集体管理组织的出现，取代了传统的“一对一”作品利用模式中的权利人地位，在改变使用者与权利人之间法律关系的同时，也改变了原有的利益分配格局。

一、使用者与集体管理组织

集体管理组织所面对的使用者，主要包括广播电台、电视台、互联网站、夜总会、KTV 及舞厅等经营组织，二者作为著作权交易的双方当事人，通常以订立合同的方式建立著作权许可使用关系，其内容可以浓缩为“许可、收费、转付、监督”。[1] 但是，授权方式的多样化及终端使用者的存在，使得二者的关系界定并不完全局限于此。

（一）传统的“一对一”作品利用模式及其利益分配格局的改变

1. 集体管理组织与使用者之间不仅仅是显性的利益对立双方

集体管理组织依据权利人的授权，向作品使用者收取使用费并转交权利人，一方面为使用者提供了使用作品的权利来源，另一方面也在事实上造成了二者利益的对立与冲突。“艺术作品的使用者饱受各类权益征收组织的侵扰，而且在数字化领域的征收难度与日俱增。”[2] 特别是在我国目前的制度设计下，集体管理组织作为使用者唯一可以与之协商并获取授权的相对人所具有的优势地位，使得二者关系更为紧张。

但是也要看到，集体管理组织与使用者之间并不只是利益的对立，二者还存在着相互服务的关系。集体管理组织对使用者进行宣传、普法、培训、教育、提高效率、节约双方成本、帮助研发作品的市场增值服务；使用者对集体管理组织进行行业培训，方便版权管理的服务。也就是说，在显性的利益对立的另一面，实质上存在着集体管理组织与使用者之间的利益统一。

---

[1] 施国伟：集体管理组织与使用者的关系及协调，法律适用，2006 年第 1、2 期合刊。

[2] ［荷］约斯特·斯密尔斯、玛丽克·范·斯海恩德尔：抛弃版权：文化产业的未来，刘金海译，知识产权出版社，2010 年，第 34 页。

2. 二者之间的利益平衡主要通过权利义务配置来实现

鉴于垄断性的集体管理组织所具有的优势或强势地位，立法倾向于以更多的义务配置实现其与使用者之间的利益平衡。

首先，集体管理组织不得无故拒绝向使用者发放使用许可。德国《著作权实施保障法》第 11 条第 1 款规定，对于自己所管理的各项排他性权利，它们负有强制缔约的义务。著作权集体管理组织有义务按照任何人的请求以适当的条件将使用权或者相应的同意权授予该人。❶《条例》第 23 条对此亦作出了类似规定。❷ 在我国集体管理组织以事实上的垄断地位存在的背景之下，这一规定对确保使用者均能以合理的条件获得作品使用授权具有极为重要的意义。

其次，集体管理组织在制定收费标准或者与使用者协商收费时，应当依据相关参照标准，就相同的使用方式适用相同的付酬标准，以实现对所有同类使用者的平等对待。如我国台湾地区《著作权集体管理团体条例》第 34 条即规定："集管团体于其管理范围内，对相同利用情形之利用人，应以相同之条件授权之。"

再次，集体管理组织应当充分公开必要信息，以便于使用者查询和监督，并有针对性地答复使用者的相关咨询。❸

最后，保密义务，即集体管理组织应对在许可合同订立和履行过程中知悉的使用者的商业秘密承担保密义务。

相比之下，使用者所负担的支付费用、如实提供作品使用清单及接受管理人监督等义务，只是基于授权许可使用合同所当然产生的合同义务或附随义务，并无特别加重义务之意味。

---

❶ ［德］雷炳德·M：著作权法，张恩民译，法律出版社，2005 年，第 566 页。

❷ 该条第 3 款规定："使用者以合理的条件要求与著作权集体管理组织订立许可使用合同，著作权集体管理组织不得拒绝。"

❸ 《条例》第 24 条规定："著作权集体管理组织应当建立权利信息查询系统，供权利人和使用者查询。权利信息查询系统应当包括著作权集体管理组织管理的权利种类和作品、录音录像制品等的名称、权利人姓名或者名称、授权管理的期限。权利人和使用者对著作权集体管理组织管理的权利信息进行咨询时，该组织应当予以答复。"

（二）著作权集中授权使用方式的类型化解析

“通常无法对许可协议予以分类，因为它们反映了真实的商业交易，而不是抽象的法律类别。”[1] 但是，尝试对著作权集中授权使用方式予以类型化解析并非毫无意义，其有助于对不同情形中当事人的权利义务及利益关系作出更有说服力的判断。

1. 个别授权与一揽子授权的利与弊

集体管理组织与使用者之间通过合同所建立的授权使用关系大致可以分为两类：①个别授权，即集体管理组织与使用人约定，由集体管理组织将其所获授权之特定作品授权使用者使用，并由使用者支付使用费。此种授权类似权利人自行行使权利，集体管理组织在充当交易媒介的同时，其授权甚至必须征求权利人的意见；而授权条件及使用费率虽然由权利人自行决定，但是必须限定在集体管理组织所确立的标准区间之内，以保证其合理性。[2] 基于此种特性，在作品数量众多的音乐领域的表演权授权，几乎不采用此种方式；而在戏剧、视听艺术等领域的作品，尤其是机械复制的使用则普遍采用该方式授权。②一揽子授权，即使用者在支付一定数额的使用费之后，可以在一定期间内，不限次数地自由使用集体管理组织所管理的全部作品，但此种授权方式的前提在于集体管理组织具有足够的代表性。一般而言，授权协议并不转移著作权的所有权，只是给予使用者知识财产中的某些而不是全部权利，而未明示给予的权利通常被认为由权利人保留。因此，以一揽子授权作为主要的授权方式成为集体管理组织运作上的一大特色，否则，其功能与优点将难以发挥。[3] 该授权方式主要集中于表演权和播放权。特别在数字化时代，由于数字图书馆及网络内容服务商等制作数据库和多媒体所要使用的作品种类和数量相当庞杂，一揽子授权方式更能发挥集体管理组织高效集约

---

[1] ［美］Jay Dratler，Jr.：知识产权许可（上），王春燕等译，清华大学出版社，2003 年，第 2 页。

[2] Paula Schepens，Guide to the Collective Administration of Authors' Rights，Paris：UNESCO Publishing，2000，24-25。

[3] Mihaly Ficsor：Collective Management of Copyright and Related Rights，Geneva：WIPO，2002，139。

的优势。

应当说，选择上述何种授权方式本来属于当事人自由协商的范畴，但是在实践当中，集体管理组织往往凭借自身的垄断优势，拒绝发放个别授权而强迫使用者接受一揽子授权。从成本的角度考虑，个别授权虽然便于依据使用作品的实际数量精确计算使用费，却要求集体管理组织支付更多的成本，根据使用者的个性化需求，分别核实不同用户的具体使用情况以确定使用费，并针对个别使用情况进行监督。而采用一揽子授权方式，则便于集体管理组织依据使用者的重要收支数据，直接确定一个具有普遍适用性的固定使用费标准，且无须监督使用者的具体使用情况，在使用者因使用大量作品而使精确计费变得难以实现时，该种授权模式无疑有助于降低收取使用费的成本，甚至会从个别使用者特别是小规模使用者那里获得相对较高的额外费用。从这个意义上来看，一揽子授权作为集体管理组织节约授权成本的有效途径，却意味着使用者在接受自己需要的作品授权的同时，不得不为自己不需要的作品也支付使用费。因此，强迫使用者接受一揽子授权实际上是一种变相的搭售行为，尤其会损害中小使用者的利益，更需要从利益平衡的角度对其加以严格规制。

2. 非专有授权的限制及其合理性

对于上述授权合同的排他性问题，有学者从尊重当事人意思自治的角度出发，认为集体管理组织和使用人签订普通许可、排他许可抑或独占许可的使用合同，完全应当由当事人依据市场情况自行确定。[1] 但是，考虑到集体管理组织可能滥用其垄断地位实施授权，使得少数使用者获取对作品的垄断使用权，影响作品的广泛使用与传播，上述合同并不能采用专有授权使用的方式。唯如此，方可确保集体管理组织能够真正以普通民事主体的身份平等对待所有的使用者，更为重要的是，在交易自由和公共利益不能兼顾的情况下，这种在一定程度上对交易自由的限制，其实是为了让更多的使用者有机会获得作品使用的授权，从而更有利于公共利益的实现。

---

[1] 卢海君：论市场导向的著作权集体管理，电子知识产权，2007年第3期。

（三）终端使用者的利益考量——作品的最终消费者的话语权

应当说，将著作权法的公共利益指向笼统地表述为“使用者”是不准确的，更为广泛意义上的使用者应当是作为作品最终消费者的终端使用者。而在集体管理制度的具体设计上，必须认真考虑终端使用者的利益需求，方能真正满足以最大多数公众为载体的公共利益的实现。

1. 终端使用者对集体管理制度发挥间接影响力

终端使用者，是指作品的最终利用人，其接触和利用作品主要依赖于作品传播者的传播，或者说是通过专业或商业使用者方得以使用作品。举例而言，终端使用者包括在图书馆复印并使用已被图书馆扫描至资料库中的文字作品的读者、在个人网站播放音乐的网友、在KTV唱歌的消费者等。

终端使用者虽然也使用作品，但其并非集体管理组织的直接授权对象，也不负担如专业或商业使用者一样的付费义务。但从另一个角度来看，终端使用者的需求、喜好及消费习惯等将影响专业或商业使用者的利用行为，故对集体管理制度的运作发挥着间接却又重要的影响力。

2. 终端使用者对授权成本转嫁的顾虑及其克服

专业或商业使用者向集体管理组织支付使用费取得授权后，再提供给作为其服务对象或消费者的终端使用者使用，终端使用者则要为自己得以接触并使用作品支付相应的对价，而这往往也是专业或商业使用者收回其所获取授权之成本的基本途径。此时，难免产生专业或商业利用人是否会将取得授权而必须付出的费用不合理地转嫁给终端使用者，或者因此降低商品或服务品质的疑虑。也就是说，集体管理组织的收费标准虽然直接影响的是专业或商业使用者的成本结构，但显然也会或多或少地影响到终端使用者的费用支出数额。因此，终端使用者从避免授权成本转嫁，或者减少自身使用作品成本的角度出发，往往自觉不自觉地寻求在集体管理组织制定收费标准过程中的话语权，以实现收费标准的合理性。

特别在我国，集体管理组织基于垄断地位往往收取高额的使用费，迫使专业或商业使用者向终端使用者转嫁成本，让终端使用者为不合理的收费标准最终买单。对此，终端使用者应积极地参与到诸如集体管理组织收费标准制定等程序中，扩展其表达自身利益诉求的空间。即使囿于其身份而被排除在收费标准制定程序之外，也应当以一般消费者的立场，积极引导舆论导向，促使专业或商业利用人积极与集体管理组织协商，制定明确而合理的收费标准。

二、权利人与使用者

（一）二者是利益对立统一的双方

著作权法所确认的权利人的著作财产权，在很大程度上仅仅是一种期待利益，唯有将作品付诸于使用方可将其转化为现实利益。实践当中，受权利人自身能力或客观条件的限制，权利人自行使用作品获利的情形较少，更多地还是依赖于许可他人使用的方式予以实现。从这个意义上来讲，权利人的利益即主要来源于使用者为获得使用许可所支付的对价，二者利益的对立性是显而易见的。

但是从另一个角度来看，二者的利益又存在统一性。如果权利人从获利的角度出发严格控制作品的使用，要么因为代价过高出现无人使用的局面，要么因“对版权材料的彻底控制只会导致用户对版权保护彻底的轻蔑”，[1] 使得使用者无视作品许可使用的法律要求而以侵权的方式使用作品。为了避免出现上述局面，权利人尚需以降低甚至牺牲利益期望的代价寻找合适的使用者，否则，其所获得的利益将永远停留在理论上的可能性这一层面。

（二）二者在集体管理制度下一般并不直接接触

权利人在几乎无法自行行使的情况下将著作权授权集体管理组织，后者在整合不同权利人力量的同时，取代权利人进而全方位地涉足作品许可使用领域，而权利人则基本上退出该领域。[2] 相应地，使用者也无须实际接触权利人，甚至无须考虑其所使用作品的真正权利人，只需与集体管理组织接触

---

[1] 薛虹：网络时代的知识产权法，法律出版社，2000 年，第 133 页。

[2] 当然，平行授权模式的出现，使得权利人仍然有可能继续停留在作品许可使用领域。

与谈判，按照双方签订的许可使用合同支付相应的使用费，即可合法正当地使用作品。尽管使用费经由集体管理组织，最终仍将实际分配给权利人。也就是说，在集体管理模式下，作为利益对立统一的双方，亦即使用费的实际支付者和实际收取者，仅仅处在以集体管理组织为媒介的交易的两端，权利人与使用者往往并无直接接触的机会，或者说，二者也无直接接触的必要，二者的利益诉求在集体管理组织处交汇与碰撞，利益的最终实现也基本上仰仗于集体管理组织的工作。而从法律关系架构来看，原本配置于权利人与使用者之间的权利义务，也被相应地分解配置于权利人与集体管理组织之间，以及使用者与集体管理组织之间。

第三节 中间化趋势——集体管理组织自身利益倾向的调整

如上所述，集体管理组织的建立取决于权利人的授权，因此，维护权利人利益一直是集体管理组织的主要宗旨，这一点似乎也意味着集体管理组织与权利人之间应当存在更多的甚至是完全相同的利益关注点。但是，现在不是使用者来指责集体管理组织，而是权利人给它提意见。[1] 原本的利益同盟内部为何矛盾重重？抑或权利人与集体管理组织之间原本就不应当成为利益同盟。一系列的现实冲突使得集体管理组织必须重新审视自身的利益倾向，摆脱历史传统的影响或者人为因素的束缚，将自身真正置于权利人与使用者之间的中间位置，进而更为中立地彰显和追求自身的利益关切。

一、矫枉过正——集体管理组织的利益倾向造成的力量失衡

从一定意义上说，著作权政策是根据偏向于私人权利的古典经济学模式来建构的。[2] 在传统的作品“一对一”利用模式下，权利人与使用者之间的

[1] 张英：国家版权局副局长阎晓宏谈《著作权法》修改：“侵权行为应该有惩戒性赔偿”，南方周末，2012年5月21日。

[2] 冯晓青：著作权法的利益平衡理论研究，湖南大学学报（社会科学版），2008年第6期。

权利义务关系相对明了，利益平衡亦得以维持。及至权利人面对众多使用者而在权利实现及救济方面显得力不从心之时，集体管理制度的出现，更多地是一种对于权利人的补救措施。虽然使用者出于作品使用成本等方面的考虑，作出了相应的妥协与让步，甚至在很大程度上促成了集体管理组织的出现，但是，集体管理组织的建立毕竟是以权利人的授权为基础，并以实现权利人的经济利益为主要目标，这一初始的利益倾向，使得集体管理制度在设计及运行过程中均偏重于权利人，集体管理组织甚至一度被认为只是权利人的代言人而已。

反观集体管理组织在面对使用者时，涉及更多的往往是使用费的收取问题，这一利益上的直接对立性导致二者之间自觉不自觉地产生敌对感与隔阂感，甚至造成剑拔弩张的紧张局面。团体属性的强大力量加之鲜明的利益倾向，使得集体管理组织的出现一举改变了权利人与原本强大的使用者之间的力量对比。但遗憾的是，权利人与使用者之间的力量失衡状态并未改变，只不过使用者已然沦为弱者，而集体管理组织及其所代表的权利人取得了强势地位。

二、鼓励创作还是鼓励传播——并非两难的选择

平衡个人利益与公共利益的基本前提，在于对二者的平等认可及其有效实现，不得片面强调一方的重要性而压制另一方。具体而言，对作品创作的激励更加强调对权利人人身权利与财产权利的保护，甚至以权利私有化及专有化作为维系其作品创作动力的手段。对作品传播的激励则更加强调公众接触和获取作品的权利，重视作品传播与使用的价值。可以说，促进作品的创作与传播共同构成了著作权制度的主线，二者均不可偏废。但是，“这种特别的鼓励生产的保护同时又阻碍了实施保护的目标，即阻碍了知识的传播。鼓励创造信息的规则不一定有助于信息的传播”❶。对于集体管理制度而言，其在某种程度上被赋予了解决上述两难境地的使命，即一个有效发挥作用的

❶ ［澳］彼得·德霍斯：知识财产法哲学，周林译，商务印书馆，2008 年，第 133 页。

集体管理制度不仅要鼓励创作，而且要鼓励传播。过分强调其中一个方面均有违集体管理制度的设立初衷。其一，集体管理组织不能因对于作品的保护而将作品与众多使用者隔绝。“一味地强调版权保护是非正常的现象，势必造成权利人与使用者双方的损失，权利人的作品无法汲取公众评价的养分；使用者不能有效地接触作品，信息获取受到阻碍。”❶ 其二，如果过分强调作品的公共物品属性而疏于对作品使用的控制，则会消减权利人的创作动力。

三、中间化趋势——集体管理组织在利益平衡理念下的改良

对组织进行系统研究的逻辑起点是对其目的的认识和理解。大多数组织所共有的一个目的，是增进其成员的利益。确切些说，一些组织是出于无知才没有增进其成员的利益，而另一些组织是受诱使才只为其首脑的目标卖力。但是不去增进其成员利益的组织注定会消亡，因此这一因素肯定大大限制了不为其成员服务的组织的数量。❷ 实践当中，集体管理组织不仅面临来自使用者的质疑，也往往面临来自权利人的不满，究其根源就在于集体管理组织于权利人和使用者之间的定位始终不明确。在百度提供盗版音乐深度链接事件中，音著协在未经协会理事会同意的前提下与百度的合作，由于涉嫌与使用者的利益纠缠而被认定为“是音著协在违权操纵”。❸ 而对于《著作权法》第三次修改草案中的相关规定，也被认为在利益导向与分配上存在向集体管理方的明显偏移。可见，集体管理组织于利益纷争格局中的定位至关重要，关乎各方利益主体对其的看法与态度。

所谓中间化趋势，即要求集体管理组织与权利人与使用者均保持大致相当的距离，在利益取向上保持基本的中立地位，即不过分偏向权利人，亦不过分偏向使用者，否则可能陷入难解的僵局之中。

---

❶ 孙秀丽：著作权集体管理制度的功能优势，黑河学刊，2012年第1期。

❷ ［美］曼瑟尔·奥尔森：集体行动的逻辑，陈郁、郭宇峰、李崇新译，上海三联书店、上海人民出版社，1995年，第5页。

❸ 郝俊慧：《著作权法》（修改草案）征求意见期将结束，版权局与音乐界仍未达成共识，IT时报，2012年4月27日，第3版。

从历史演进来看，集体管理组织最初即以实现和维护权利人利益为基本考量而产生，作为权利人的代言人，集体管理组织所从事的授权、收取和分配使用费，乃至提供权利人保护的专业资讯与教育、协助权利人维权等事务，无一不是围绕着权利人的利益而设计与实施的。“至于集体管理组织授权运营有助于利用人取得著作利用之授权，只是附带利益。”[1] 但是，随着集体管理制度日益成为资源配置的有效机制，已不能再将其职责局限于为权利人提供全面服务和保障的单一维度，而应当充分满足社会公众对作品的需求，在维护公共利益目标的指引下，加快作品传播的速率，扩大而不是缩小社会公众对作品的选择范围，避免成为使用者及更广泛意义上的社会公众迅速而有效传递信息的障碍。从利益倾向的视角来看，加强著作权保护并不意味着只保护权利人的利益而忽视其他主体的利益。集体管理组织应当以调整其利益倾向为切入点，以调和权利人与使用者之间的利益冲突为落脚点，在利益平衡的理念之下实现以中间化为趋势或特征的自我改良，在权利人与使用者之间真正充当中立不倚的角色。

[1] 章忠信：99 年新修正著作权集体管理团体条例简析，智慧财产权，2010 年第 137 期。

第三章　集体管理组织的性质定位——相对超脱的利益主体

根据 WIPO 的要求，“对于著作权和邻接权的集体管理来说，是建立公立的还是私立的管理组织更为适宜，同样取决于有关国家的政治、经济、法律的状况和传统。”❶ 由于历史传统及行政体制等多方面的原因，集体管理制度在我国自产生之初至其后的发展，很大程度上一直受制于其行政主管机关。与此同时，集体管理组织虽然被定位为非营利性社会团体，但其在运行过程中却往往出于主观或客观原因，无法完全消除自身对经济利益的追求，进而引致外界的质疑和反对。可以说，“非营利性”与“行政化”已成为制约和束缚我国集体管理制度良性发展的重要因素。准确定位集体管理组织的性质，以“趋市场化”的理念为指导将其培育成相对超脱的利益主体，以“去行政化”的理念促使其摆脱对行政机关的依赖，对其高效而无争议的运转无疑具有极其重要的现实意义。

第一节　“非营利性”并非集体管理组织必须坚守的立场

“非营利性”几乎是各国立法及集体管理组织章程对集体管理组织的普遍界定。但是，从集体管理组织的民事主体性质及其职责来看，“非营利性”

❶ 世界知识产权组织国际局：著作权和邻接权的集体管理的基本原则，载自：国家版权局，著作权的管理和行使文论集，上海译文出版社，1995 年，第 32 页。

并非其必须坚守的立场，出于意思自治、履行职责等方面的考虑，集体管理组织完全可以在营利与否问题上作出自主选择。

一、对集体管理组织“非营利性”的基本分析

从集体管理组织的产生及其功能来看，其依靠自身机制的运作所力争达到的目标之一在于著作权使用收益的最大化。但是，与传统的著作权代理机构不同，上述目标的实现是为了权利人而非为了组织自身。也就是说，集体管理组织的设立目的并不在于追求自身的营利，而是带有较为明显的社会公益性质，以实现权利人的合法权益和促进社会文化事业的发展为己任。基于此种考虑，“营利”往往因与公益目的相对立，而被集体管理制度所排斥。

（一）“非营利性”于集体管理制度中的特定内涵

作为社会组织的特性，非营利性一般是指以公共目的为设立宗旨，组织所获取的利润不分配给其成员和管理人员。[1] 其中，是否将利润分配给经营者或成员是判断一个组织营利性与否最为显性的标志。

集体管理组织的职责主要集中于发放作品使用许可以及对使用费的收取和分配，并且不得将所收取的使用费以及其他资产用于投资经营活动。但是，集体管理组织毕竟是将实现权利人的经济利益作为其设立的宗旨之一，因此，应当采取能够使这种收益最大化的一切必要手段。事实上，集体管理组织向使用者发放使用许可和收取报酬的行为，符合经营行为的特征，其中包含着交易对象选择、合同条款谈判等商业模式的一般要素。从这一点上来看，集体管理组织的非营利性并不表现在其经营性行为上，而是在于集体管理组织应当将收入（在扣除必要行政开支后）百分之百地分给著作权人这条基本原

---

[1] 具体而言，非营利性组织往往具备以下几个特征：一是“组织性”，即非营利组织都有一定的制度和结构；二是“私有性”，即非营利组织都在制度上与国家相分离；三是“非营利性”，即非营利组织不向他们的经营者或“所有者”提供利润；四是“自治性”，即非营利组织基本上是独立处理各自的事务；五是“自愿性”，即非营利组织的成员不是法律要求而组成的，这些组织接受一定程度的时间和资金的自愿捐献。［美］莱斯特·M. 萨拉蒙等：全球公民社会——非营利部门视界，贾西津、魏玉等译，社会科学文献出版社，2007 年，第 3 页。

则上。❶ 言外之意，非营利性的集体管理组织并非不能从事以赚取利润为目的的经营行为。

（二）“非营利性”并非对集体管理组织的一致界定

1. “非营利性”由来已久且影响深远

可以说，将集体管理组织界定为非营利性组织由来已久。具有强大影响力的 CISAC 在 1936 年柏林召开的第 11 届大会通过的文件即规定：“每个结盟协会绝对排除任何商业或投机性质，以及直接或间接的营利目的。”其章程第 1 条也规定，CISAC 为非营利性国际非政府组织。而在其 1956 年 9 月第 19 届大会上通过的《著作权宪章》中再次声明：“作者协会，无论其法律形式如何，均是作者及其权利继承人经济利益的管理机构，它们既不是商业性机构，也不是以营利为目的的企业。它们在提取的数额中留取确保必要开支的费用。因此，它们应享有相应的法律制度，特别是在税收方面。”

多数国家的集体管理立法也倾向于此。例如，西班牙《知识产权法》规定，要求以自身名义或者他人名义为各类作者或者其他知识产权权利人管理使用权和其他财产权的机构应得到文化部的批准，该机构不得具有营利目的。❷ 巴西《著作权法》第 97 条规定：“作者和邻接权权利人为行使和维护其著作权，可成立非营利性的协会。”❸ 德国《著作权实施保障法》并没有就著作权集体管理组织的法律组织形式作出特别规定，部分是以经济协会，部分是以有限责任公司的形式来组织的。❹ 但是该法同时要求，集体管理组织把获得的收入分配给各个权利人，而它们仅仅从中扣除相应的花费，并不留存任何盈利。❺ 英国的音乐作品著作权集体管理组织（PRS）虽然采用有限责任公司的形式，但同时被课以“非营利”的限制。❻ 而与此相对应，理论

❶ 许超：我国著作权集体管理的立法现状，中国专利与商标，2004 年第 1 期。

❷ 全国人大常委会法制工作委员会民法室：《中华人民共和国著作权法》修改立法资料选，法律出版社，2002 年版，第 354 页。

❸ 《十二国著作权法》翻译组译：十二国著作权法，清华大学出版社，2011 年，第 22 页。

❹ ［德］雷炳德·M：著作权法，张恩民译，法律出版社，2005 年，第 561 页。

❺ ［德］雷炳德·M：著作权法，张恩民译，法律出版社，2005 年，第 555 页。

❻ 李明德、许超：著作权法（第二版），法律出版社，2009 年，第 163 页。

界对集体管理组织的非营利性基本上也持赞成的态度。[1]

2. 营利性的集体管理组织并非不存在

对于非营利组织而言，“高质量的公共服务才能为非营利组织赢得名誉，而拥有了这样的名誉和能力，才能够赢得更多的支持；为自己着想，以营利为目的的行动会损坏这样的名誉和能力”[2]。尽管这样的担心不无道理，但仍有一些国家允许集体管理组织可以营利。“版权及相关权集体管理的制度就是最有效的制度之一，该制度已经在许多国家由政府出面或者通过相关私营部门建立起来”。[3] 也就是说，营利性的集体管理组织并非绝对不存在。例如，俄罗斯《著作权和邻接权法》规定，集体管理组织是为了保障作者、表演者、唱片制作者及其他著作权和邻接权所有人的财产权而建立的组织，该集体管理组织有权从事商业活动。另外有些国家对集体管理组织的营利性则未置可否。如法国《知识产权法典》L. 321-1 条规定，作者及表演艺术者及录音、录像制作者的报酬收取及分配协会，以民事公司的形式组成。[4]

依据 WIPO 的意见：“在集体管理的框架下，权利人授权集体管理组织管理其权利，即监督相关作品的使用，与潜在的使用者谈判，在合适的情况下发放许可，收取合适的许可费，并向权利人分配许可费。这可以被视为著作权集体管理的定义。”[5] 显然，这一对于集体管理组织的权威性界定，更多的是强调其团体形态与职能，并未对其可否营利作出任何强制性抑或导向性的规定，各国完全可以根据自身情况，将集体管理组织定位为非营利性公司、

---

[1] “著作权的集体管理是从由作者组成的（在许多演奏权协会中有音乐作品出版者参加）、不以盈利为目的的私有权机构中产生并发展起来的，旨在维护人身权益（精神权利）并管理创作作品的作者经济利益。”［西］德利娅·利普希克：著作权与邻接权，联合国教科文组织中译本，中国对外翻译出版公司，2000 年，第 324 页。

[2] ［美］莱斯特·M. 萨拉蒙等：全球公民社会——非营利部门视界，贾西津、魏玉等译，社会科学文献出版社，2007 年，第 80 页。

[3] ［苏丹］卡米尔·伊德里斯：知识产权：推动经济增长的有力工具，曾燕妮译，知识产权出版社，2008 年，第 171 页。

[4] 《十二国著作权法》翻译组译：十二国著作权法，清华大学出版社，2011 年，第 206 页。

[5] WIPO：Collective Administration of Copyright and Neighboring Rights，Study on and Advise for，the Establishment and Operation Organization，WIPO Publication No. 688（E），1990。

营利性公司、甚至被赋予特殊独占地位的官方机构等不同形态的社会组织。日本2001年修订的《著作权与邻接权管理事务法》即对集体管理组织可否营利作出自由化处理，使得其不再限于公益法人，承认由株式会社等营利法人涉足著作权管理事业，并且半数以上的集体管理组织属于株式会社的形态。❶ 可见，“非营利性”并非一条不可触碰和改变的铁律。当然，无论采取何种形态的集体管理组织，均应由规范该种形态组织的法律法规予以规制。

（三）我国对集体管理组织的非营利性界定及其负面影响

我国《著作权法》第8条明确规定：“著作权集体管理组织是非营利性组织。”在制定《条例》过程中，对于我国集体管理组织的定性问题，曾有三种意见：第一种意见认为“非营利组织”分为社会团体、民办非企业单位和事业单位三种类型，应当明确集体管理组织的性质并适用相应的行政法规进行管理。第二种意见认为，集体管理组织应当按照其所属的类型分别按照民间组织管理的规定办理登记。第三种意见认为，集体管理组织可以作为“非营利性的社会团体”管理。❷ 最终，《条例》第3条将集体管理组织界定为社会团体。❸ 而根据《社会团体登记管理条例》的规定，社会团体是指中国公民自愿组成，为实现会员共同意愿，按照其章程开展活动的非营利性社会组织。由此可见，我国现行立法将集体管理组织定位为非营利性组织当无疑义。❹ 之所以如此，“目的在于使著作权集体管理组织真正成为替著作权人与邻接权人管理权利的机构。这一点与世界各国的规定是相同的。”❺ 但是，

---

❶ 甄西：日本著作权管理行业引进竞争机制，中国版权，2003年第2期。

❷ 金武卫：《著作权集体管理条例》主要问题评述，电子知识产权，2005年第2期。

❸ 该条规定：“本条例所称著作权集体管理组织，是指为权利人的利益依法设立，根据权利人授权、对权利人的著作权或者与著作权有关的权利进行集体管理的社会团体。著作权集体管理组织应当依照有关社会团体登记管理的行政法规和本条例的规定进行登记并开展活动。”

❹ 从目前已经成立的5家集体管理组织的章程来看，均毫无例外地宣称自己为“非营利性组织”。例如，音著协“章程”第3条规定：“协会是中国大陆地区音乐著作权人以集体管理的方式行使权利的非营利性社会团体法人。”音集协“章程”第2条规定：“本会是由全国依法享有音像节目著作权或者与著作权有关的权利人自愿结成的具有法人资格的非营利性音像著作权集体管理组织。”

❺ 李明德、许超：著作权法（第二版），法律出版社，2009年，第160页。

这一立法定位实际上并无多少客观性可言，[1] 反而有可能挫伤其开展集体管理活动的积极性，甚至最终影响其公益性目标的实现。

1. 集体管理组织自身的利益诉求被压抑或扭曲

集体管理组织维持自身正常运转，确实需要一定数额的经费，而在缺乏相应的政府财政支持的情况下，允许其从收取的使用费中扣除的一定比例的“管理费”又难以满足其开支，因此，“非营利性”的定位使得集体管理组织自身的利益诉求被压抑或者扭曲，往往将其置于经济困顿的压力之下却又无所适从。在这样的背景之下，集体管理组织要么缺乏行使其职能的积极性，服务效率低下；要么制定不合理的使用费收取标准或者扣除过高比例的“管理费”，而无奈地陷入公众质疑和利益纷争之中。

2. “另辟蹊径”引致广泛的质疑与非难

由于集体管理组织缺乏彰显和追求自身利益诉求的机制和途径，在现实的人力资源成本、日常支出成本等经济压力之下，集体管理组织往往“另辟蹊径”，在“非营利性”的标榜之下实行企业化运营方式。如音著协的“会员指南”中就规定该协会是非营利性社团法人，实行企业化运营方式，协会扣除所收取使用许可费的20%用于协会的日常工作支出，协会所有的职能活动都由国家版权局监督和指导。[2] 而这也成为外界质疑和非难集体管理制度的主要原因。

二、营利性与公益性之间的冲突及其调和

集体管理组织可否营利之定位，应当更多地从有效实现其宗旨和发挥其职能等方面考虑，立法不应对此作出草率的单一性规定，而应承认和保护集体管理组织自身合理的利益追求，赋予其根据自身发展的实际需要选择营利与否的权利，并最终由市场机制检验性质定位的恰当与否。当然也要看到，一旦将集体管理组织界定为营利性组织，所面临的最大障碍即在于营利性与

[1] 卢海君：论我国著作权集体管理组织的法律地位，政治与法律，2007年第2期。

[2] 齐爱民、周伟萌等：著作权法体系化判解研究，武汉大学出版社，2008年，第228页。

公益性的共存问题。营利性与公益性看似水火不容，但仍可以寻求二者利益的交汇点，给予集体管理组织合理的利益选择空间。

（一）营利性与公益性实质是个人利益与公共利益的各自体现

一般认为，将集体管理组织定位为非营利性质是与其公益性相对应的。而营利性往往被认为可能会阻碍公益性目标的实现，甚至造成集体管理组织为追求自身利益的最大化而损害相关权利人的利益。[1] 从某种意义上说，营利性与公益性之争，只是个体利益与公共利益之间冲突的外化表现形式。因此，以平衡个体利益与公共利益为使命的集体管理制度，必须在此问题上明确自身定位。

1. 营利性是集体管理组织满足个体利益的必由之路

权利人通过其作品获得应有的物质回报，是激励其创作积极性的重要途径，这一点并不因权利人将作品授权集体管理组织行使而发生任何改变。相反，集体管理组织的存在，有助于降低著作权交易成本，更有效地实现权利人的经济利益。对于使用者而言，集体管理组织往往是其便捷及低廉使用作品的有效媒介。显然，权利人与使用者各自利益的实现，均有赖于集体管理组织的营利性活动。

2. 公益性是集体管理组织得以发展的重要基础

从集体管理组织产生和发展的历程来看，方便沟通权利人与使用人之间的联系是其最直接的功效，而在此基础上促进作品传播，使最大范围内的社会公众能够合法、高效地接触和使用作品，方是该组织存在的更为深层次的原因。这一点不仅是集体管理组织公益性的集中体现，更是其于著作权代理机构等之外得以发展的重要基础。

（二）营利性与公益性并非非此即彼的选择

应当说，集体管理组织在实现公益性目标的过程中能否营利，并不是一个答案非此即彼的问题，也不应当成为一个讳莫如深的敏感话题。但针锋相

---

[1] 李潇雨、王宏：对我国著作权集体管理模式的法理解析，华北电力大学学报（社会科学版），2011 年第 1 期。

对的争论在理论界和实务界均普遍存在。

集体管理组织能否营利，并不在于其公益性目标的设定，而应取决于是否能够同时促进个人利益与公共利益的实现。营利性与公益性并不必然相互排斥，将营利作为实现公益目标的手段亦未尝不可。首先，营利性并不意味着集体管理组织必然剥夺本应属于权利人的利益。相反，集体管理组织在利益分享的机制下，其管理效率会显著提高。换言之，如果集体管理组织在营利的同时能够有效发挥其功能，似乎就找不到禁止其营利的充足理由。其次，如果硬性地将集体管理组织限定为不得营利的纯粹公益性组织，一方面，激励机制的缺乏无疑会阻碍其高效运行，甚至影响其正常的业务运转；另一方面，经费的紧张甚至不恰当地诱发其营利冲动，进而从事有违其设立宗旨的行为。此时的集体管理组织，要么遮遮掩掩地觊觎本应属于权利人的相关利益，要么就是依靠行政机关的资助，然而资助可能导致集体管理活动中行政干预的增加。

换一个角度来看，如果非营利性的集体管理组织能够良好运作，法律也不应强行要求其一定是营利性的。总之，选择营利与否均应出自集体管理组织的自由意愿，法律应当赋予集体管理组织在决定营利与否方面的自主权，并由集体管理组织章程对此予以宣示。

三、纯粹的市场主体定位亦有失偏颇

一般而言，在市场和政府之外保留一个从事社会活动的空间并非易事，两者相比，市场化是一个更为可行的选择。集体管理组织作为著作权交易的媒介，市场主体的定位与其职能特征和运作方式更加吻合，可以在一定程度上避免“非营利性”定位所可能带来的弊端。但是也要看到，如果将集体管理组织定位为纯粹的市场主体，则有可能因冲击其公益性目标而有失偏颇。

（一）纯粹的市场主体定位可能产生纯粹的利益导向

在缺乏必要公共财政支持的背景之下，如果将集体管理组织定位为完全自负盈亏的市场主体，为著作权交易提供媒介服务，其必然在“成本—收益”的压力之下极力寻求自身利益的最大化，由此产生的纯粹的利益导向机制，可能使得集体管理组织在实际运营时忽视其公益性目标，也无法真正满足权利人和使用者的利益期待。

（二）优胜劣汰的市场规律可能影响集体管理组织的生存

将集体管理组织定位为纯粹的市场主体，意味着其所从事的集体管理活动必然与其他经营性活动一样，完全受制于市场规律的约束和影响，面临诸多市场风险。特别是集体管理组织所提供的著作权媒介服务，往往受会员数量及其代表性、作品数量及其覆盖面、作品市场供需关系波动、数字环境下作品利用方式多样化等因素的影响，可能陷入暂时性或者持续性的困境，在极端的情况下甚至被市场淘汰出局。此时，其所担负的公益目标必将受到极大影响。因此，必须在性质定位上设置一定的保障措施以维持其存续。言外之意，纯粹的市场主体定位有可能危及集体管理组织的生存，因此并不可取。

第二节 我国集体管理制度的行政化困局

作为媒介著作权交易的社会团体，集体管理组织在设立、运行等各个环节接受行政机关的监督和管理，本为题中应有之义。但是，行政机关对我国集体管理组织的介入程度却超出了合理的范围。更为严重的是，行政机关往往将自身利益不恰当地向集体管理领域渗透，在制度设计及运行监管等诸多方面，更多考虑自身利益而忽视各方主体的利益平衡问题，使得现行集体管理模式下的利益格局严重失衡。

一、我国是政府主导型的集体管理制度

与法国、德国等国家的集体管理组织最先自发设立，而后通过立法承认其地位并由政府加以监管的发展历程迥然不同，我国现有的集体管理组织均是在行政机关的主导或扶持下建立起来的，使得行政机关往往利用职权，在规则制定及运行监管过程中，自觉不自觉地将自身意志渗透其中。

（一）行政干预对集体管理组织而言是必要的

由于政治、经济及法律状况各不相同，历史传统差异巨大，世界各国建立集体管理制度的历程也存在很大的差别。“但是根据有些国家的情况（如那些正处于建立著作权基本制度阶段的发展中国家的情况），为了保障权利人的利益，最好建立公立的管理组织。”[1] 显然，WIPO 在集体管理制度的设立问题上，并不绝对排斥国家公权力的介入，甚至认为在特定国家或特定情形下，行政机关的扶持或干预是必要的。从历史文化背景来看，在社会生活各方面占主导地位的行政力量及传统的“官本位”思想的影响，致使我国的民间自治团体往往力量薄弱。[2] 有鉴于此，在集体管理组织筹备阶段及成立初期，行政机关履行支持和帮助之责当属无可厚非。

（二）行政干预必须控制在合理范围之内

尽管集体管理制度的发展离不开必要的行政干预，但须将其控制在合理范围之内，并以行政干预所取得的效果作为基本判断依据。否则，对行政机关的过分依赖将导致集体管理组织呈现出“准政府”的性质，甚至在运作上与行政机关几乎雷同。遗憾的是，我国不仅通过立法规定严苛的设立条件，使得行政机关深度涉足集体管理组织的设立，甚至动用行政手段不恰当地造就了集体管理组织的垄断地位。

1. 严苛的设立条件必然使行政机关涉身其中

对集体管理组织的设立实施必要的干预是各国通行的做法。例如，根据德国《著作权实施保障法》第 3 条的规定，设立集体管理组织的申请只有在下列情况下才可以被拒绝：该集体管理组织的章程与法律不相符；该组织的法定代表人没有被授予必要的管辖权；或者该组织的经济基础并不能满足受委托的权利暨请求权的实施保障要求。[3] 韩国《著作权法》第 105 条则要求，

---

[1] 世界知识产权组织国际局：著作权和邻接权的集体管理的基本原则，载自：国家版权局，著作权的管理和行使文论集，上海译文出版社，1995 年，第 33 页。

[2] 董榕萍：发展我国著作权集体管理制度的若干问题——以卡拉 OK 版权费风波为样本的分析，成都大学学报（社科版），2009 年第 3 期。

[3] ［德］雷炳德 · M：著作权法，张恩民译，法律出版社，2005 年，第 564 页。

拟从事著作权信托服务的人应当满足下列条件：由权利人组成；不以营利为目的；有足够的能力履行收集、分发著作权许可费的职责。[1]

相比之下，我国对集体管理组织的设立采取行政核准制，依照《条例》的规定，建立集体管理组织需要经过国家版权局和国家民政部审批，手续烦琐。此外，《条例》规定的集体管理组织设立条件亦相当严苛。[2] 换言之，已经超越了对于一般社会团体的要求。[3] 特别是"能在全国代表相关权利人的利益"这一条件，如果缺少行政机关的介入及其职权的影响，仅仅由民间自发成立集体管理组织是难以实现的。现已获准成立的五家集体管理组织，无一例外都是在国家版权局的扶持下设立的，其中或多或少掺杂了行政机关对集体管理组织的渗透与控制。

2. 行政机关自身的角色错位

长期以来计划经济管理模式的影响，使得行政机关针对集体管理组织依然保留着行政管理的纵向思维，试图以行政隶属关系介入集体管理组织的日常事务运行。因此，虽然集体管理组织在法律上被定位为社会团体，实现了向民事主体身份的回归，但仍然被行政机关自觉不自觉地要求从日常管理到行为方式均与其保持一致。行政机关的这一角色错位，导致其与集体管理组织之间的职能往往产生不必要的交叉。更为严重的是，这种局面侵蚀了集体管理组织在运营中所逐步形成的权威性，降低了其作为民间社会团体法人所可能产生的亲和力与感召力，[4] 阻碍或者迟滞了其制度化、专业化及规范化的进程，最终影响其正常运行甚至存在的合理性。

---

[1] 《十二国著作权法》翻译组译：十二国著作权法，清华大学出版社，2011 年，第 534 页。

[2] 《条例》第 7 条规定："依法享有著作权或者与著作权有关权利的中国公民、法人或者其他组织，可以发起设立著作权集体管理组织。设立著作权集体管理组织，应当具备下列条件：①发起设立著作权集体管理组织的权利人不少于 50 人；②不与已经依法登记的著作权集体管理组织的业务范围交叉、重合；③能在全国范围代表相关权利人的利益；④有著作权集体管理组织的章程草案、使用费收取标准草案和向权利人转付使用费的办法（以下简称使用费转付办法）草案。"

[3] 从社会团体的设立条件来看，一般包括以下几个方面：①有自己的章程；②必须有能够从事著作权集体管理的专门人员；③必须有权利人转让或者许可的一定数量的权利；④必须经过国家有关主管部门的审批。

[4] 赵强：遗憾的缺位——论著作权集体管理组织的法律地位，出版发行研究，2004 年第 1 期。

3. 以行政手段造就或维持集体管理组织的垄断地位

《条例》从业务性质和业务范围等方面对集体管理组织的设立予以严格限制，超出了行政干预的合理范围，甚至形成备受诟病的行政性垄断，严重影响了集体管理制度的运行。❶

（三）事实上的半官方机构——兼对“管理”一词的再认识

综观各国立法，目前对媒介权利人与使用者，以接受权利人授权为基础集中行使著作权的组织，最为普遍的称谓为集体管理组织，此外尚有集体权利组织、集体授权组织、集体分配组织、著作权协会、报酬收取及分配协会或者权利管理协会等称谓。从称谓上的多样性，即不难看出集体管理制度在实务操作上的纷繁复杂。但是必须明确，无论采用何种称谓，集体管理组织在本质上应发挥媒介著作权交易的职能和作用。而在我国，受长期以来行政干预市场的惯性思维影响，“管理”一词通常意味着行政机关运用国家公权力，对社会事务所进行的自上而下的干预。这就给人造成一种假象——似乎集体管理组织的权威必须且只能来自行政机关。也正因为如此，集体管理组织往往具有“官管民办”的双重性质，成为事实上的半官方机构。更有甚者，已经将其升级到全官方性质，❷ 无奈地被定位为行政管理机构或者其附属物。

应当说，集体管理组织虽然在其名称中使用“管理”一词，但更多的仅仅是一种约定俗成的称谓。❸ 从集体管理组织的设立初衷来看，其角色定位和立身之本应是为著作权人服务，其公信力取决于服务质量。❹ 作为服务者，

❶ 对于行政性垄断的克服，本书将在第五章“务实的选择——垄断模式在利益博弈中的胜出”中予以详述。

❷ 李潇雨、王宏：对我国著作权集体管理模式的法理解析，华北电力大学学报（社会科学版），2011 年第 1 期。

❸ 在《著作权法》2001 年第一次修订增加有关集体管理制度的相关内容时，即有人提出，为避免名称上的行政色彩，“著作权集体管理组织”应改为“版权报酬集体征集与分配组织”，且该组织应根据公司法成立。全国人大常委会法制工作委员会民法室：《中华人民共和国著作权法》修改立法资料选，法律出版社，2002 年版，第 36 页。可见，保留“集体管理”这一称谓更多的只是为了与国际通行称谓保持一致。

❹ 晏扬：著作权集体管理别忽视服务，新华每日电讯，2012 年 4 月 26 日，第 3 版。

集体管理组织绝非行政管理机构，其活动也没有行政管理的意味，其主要功能在于为著作权交易提供一个交流和沟通的服务平台而非管理平台。[1] 但这种事实上定位的形成，似乎并非用词上无意的疏忽，而更似利益驱使下有意的曲解，亦迎合了行政机关介入集体管理组织运作的需求。而缺乏市场经济历练的集体管理组织，似乎也更习惯于通过行政管理的手段开展集体管理。

二、行政化困局下的混乱利益格局

行政机关裹挟自身利益介入和干预集体管理制度下的利益分配，对作品使用过程中的收益明争暗抢，忽视和损害权利人的利益或者盘剥使用者，使得集体管理制度下原本就已相对紧张的利益关系变得更为复杂，集体管理组织与行政机关之间、不同行政机关之间不可避免地出现基于利益考量的纠葛与纷争。

（一）集体管理组织的利益诉求极大受制于行政机关

集体管理组织作为著作权交易媒介，更多的是充当一个服务者的角色。但是，从集体管理组织的实际运行情况来看，往往忽略以其作为媒介的著作权交易的民事属性，其间充斥着不当的行政干预。集体管理组织不仅需要接受行业主管机关的业务指导，且基本上按照行政机关运行机制开展工作，甚至被纳入行政组织系统，挂靠于行政主管机关，不仅核定行政级别，还可享受国家财政拨款。显然，在此制度背景下的集体管理组织不仅缺乏应有的独立性和自治性，相反，该种运行模式往往导致公众认为集体管理组织具有行政管理职能，甚至将其定位为政府的功能性分支。如此一来，集体管理组织根本无法从自身业务活动中寻求经济利益。换言之，集体管理组织自身的利益诉求因受制于行政机关对其的干涉而基本上无从谈起。而从另一个角度来看，集体管理组织若在行政机关的庇护之下，以实现权利人经济利益的旗号

---

[1] 数字化时代授权模式的改变使得集体管理组织的服务色彩更为明显，这在很大程度上反映了集体管理制度的发展趋势。熊琦：集体管理与私人许可：著作权利用的去中间化趋势，知识产权，2007 年第 6 期。

作为掩护，向使用者随意收取作品使用费，则会产生一批所谓的“民间官吏”，使得权利人和使用者对其也缺乏应有的认同感，由此产生的社会负面效应甚至危及集体管理制度的存在。

对于集体管理组织的分支机构而言，利益诉求的限制表现得更为突出。以音著协为例，其下所设20个分支机构中，没有一个由音著协自行设立，均是与当地著作权行政机关或者服务机构合作设立的。虽然这样做可以借助行政机关的力量推动集体管理工作的开展，并在一定程度上减少开支，但是，由于分支机构与音著协的关系相对而言较为松散，特别是二者的利益诉求由于地方行政机关的介入而不完全一致，在地方保护主义思想的影响之下，相关的收益更多地被当地所截留，而集体管理组织面对此种局面则无能为力。

（二）行政机关对利益的明争暗抢

行政机关对集体管理制度的运行介入过多，除了权力自身的扩张冲动之外，对利益的明争暗抢也起到了推波助澜的作用。

1. 欲盖弥彰——行政机关的身影在卡拉OK使用费分配中隐现❶

2006年11月9日，国家版权局发布2006年第1号公告：“卡拉OK经营行业以经营场所的包房为单位，支付音乐作品、音乐电视作品版权使用费，基本标准为12元/包房/天（含音乐和音乐电视两类作品的使用费）。根据全国不同区域以及同一地域卡拉OK经营的不同规模和水平，可以按照上述标准在一定范围内适当下调。”❷ 及至2010年，音集协第二次会员大会通过的《全国卡拉OK著作权使用费分配方案》确认：可分配总额1.2亿元的版权费扣除税金后，首先由中文发数字科技有限公司（以下简称为“中文发”）提取“全国娱乐场所阳光工程卡拉OK内容管理服务系统监管平台费用”8%，即960万元；剩余部分的50%为歌曲版权人所得利益；另外的50%即5000万

❶ 谭翊飞：“中文发”借卡拉OK监管平台获利——KTV版权利益分配浮出水面，南方周末，2010年3月25日，第A01版。

❷ 根据音集协“关于2013年卡拉OK著作权使用费收取标准的公告”，著作权使用费收取标准的单位已变更为“元/天/终端”，并且仍然根据全国不同区域卡拉OK经营的不同规模和水平，将收费标准确定为8~11元的区间。http：//www. cavca. org/news_ show. php？un=xhgg&id=654。

左右为“运营成本、维权成本、宣传成本以及基础设施建设成本”，由负责收取版权费用的北京天合文化有限公司（以下简称为“天合公司”）和音著协、音集协分配，其中，23%是协会管理费，另外27%则归属于天合公司。

在此姑且不论上述分配方案是否合理，单纯考察天合公司的背景就不由得引发公众的困惑和质疑，[1] 事实上其收费行为也遭到了不同程度的抵制。[2] 由中文发控股50%的天合公司于2007年8月27日在北京成立，是文化部全国卡拉OK内容管理服务系统的指定运营商，在全国31个省份设有分公司，而且规模如此庞大的公司仅仅专门开展KTV收费业务。而依照分配方案获得巨额利益的中文发则是中文发文化发展公司的下属公司，中文发文化发展公司又由文化部下属的正局级事业单位——文化事业发展中心参股40%设立，以“保护我国文化安全”“维护我国文化主权”等为由，专门负责开发和推广全国卡拉OK内容管理系统。如此复杂的裙带关系，尤其是行政机关的身影隐现其中，甚至可以断定，最后的分配方案只是行政机关围绕著作权使用费所进行的利益博弈的结果而已。

2. 集体管理组织的公信力遭到极大破坏

在上述行政机关对著作权使用费的争夺当中，集体管理组织往往被无奈地推向前台，直接面对权利人、使用者乃至社会公众的批评、质疑及非难。事实上，集体管理组织所谓为全体会员谋利益的功能通常被其有意识地夸大。集体管理组织远未像想象的那样有效地促进了作者共同体的整体利益。相反，集体管理组织很容易陷入官僚主义的泥潭，成为少数人牟取利益的工具。[3]

---

[1] 针对与天合公司的关系问题，音集协于2008年12月25日作出了如下解释：“天合文化集团是提供‘全国卡拉OK内容管理服务系统’的运营商，其主营增值业务，该项业务与卡拉OK版权收费服务需要大致相似的服务渠道体系，为了避免渠道重复建设，节约权利人和使用者的开支，提高工作效率，我会委托天合文化集团为卡拉OK版权使用费收取和交付提供服务。我会同时对天合开展代收费服务的行为进行严格的监督和管理。”音集协，关于卡拉OK版权许可使用工作相关问题的说明，http：//www.cavca.org/news_show.php？un=xhxw&id=303&tn=%D0%AD%BB%E1%D0%C2%CE%C5。

[2] 比如广州设立的天合公司就遭遇了40多家KTV经营场所的联合抗缴。邓新建：收费单位合法性受质疑，近40家K厅拒缴2007年版权费，法制日报，2008年11月14日，第7版。

[3] Martin Kretschmer：The Failure of Property Rules In Collective Administration：Rethinking Copyright Societies As Regulatory Instruments，European Intellectual Property Review，2002，134-135。

行政机关的介入，无疑在很大程度上决定了本应属于权利人的作品使用费的流向。而在我国目前的集体管理制度运行中，一旦各方利益无法均衡甚至陷入激烈的利益纷争的时候，通常的做法是以牺牲权利人的利益以填平分歧。❶这一做法带给集体管理组织的则是对其公信力的极大破坏。

第三节　相对超脱的利益主体——探寻集体管理组织的利益定位

《著作权法》和《条例》对集体管理组织“非营利性”的规定，以及各集体管理组织在其章程中对自身“非营利性”的宣示，似乎完全排除了集体管理组织涉身利益的可能性。但事实却是，在行政机关的强力干预下所压抑的利益诉求，与媒介著作权交易过程中追求自身利益的本能冲动，使得集体管理组织在运作过程中常常陷入矛盾和困惑当中。应当说，承认集体管理组织为相对超脱的利益主体，与其所肩负的平衡个人利益与公共利益的使命之间，并不存在不可调和的冲突，反而可能有助于其更好地完成这一使命。

一、完全的“去行政化”和适当的“趋市场化”应并行不悖

尽管我国集体管理制度的产生在很大程度上得力于行政扶持，但是，“著作权的集体管理既不是司法性质的管理，也不是行政性质的管理，它是一种具有民间性质的著作权人自我管理机制。”❷ 因此，集体管理制度的正常发展，必须经历从行政干预到市场运作的蜕变与升华，对于现阶段我国的集体管理组织而言，完全的“去行政化”和适当的“趋市场化”可以并且应当同步推进。

（一）完全的“去行政化”

有学者以符合著作权向公有领域扩张的发展趋势为由，强调在网络环境

---

❶ 殷泓、路倩雯：电影版权收费之惑，光明日报，2011年7月28日，第15版。

❷ 周俊强：知识产权的基本理念与前沿问题，安徽人民出版社，2006年，第99页。

下更需要设立具有官方性质的管理组织。❶ 但是，从集体管理制度所发挥的媒介交易的功能来看，毫无顾忌的行政干预只能阻碍集体管理制度的良性运转，因此，应当彻底去除行政机关对于集体管理组织日常运行的不当干预，但仍需保留必要的监督和管理。

1. 消除集体管理组织的官方色彩

要达到完全的“去行政化”目的，应当使行政机关从集体管理组织日常事务中全身而退。可以说，明确划分行政机关与集体管理组织的职能符合政府职能社会化的发展趋势。❷ 在这一过程中，行政机关对集体管理组织应开展日常性的宏观指导、管理和监督，而非对其业务进行微观层面的介入，“政府在发展社会自治组织的过程中，只能是参与、协助、指导，决不能包办、替代、干涉。”❸ 行政机关应在尊重集体管理组织市场主体地位的基础上，逐步淡化乃至消除其官方色彩，逐步还原其自主性和独立性。而从集体管理组织自身来讲，也应当强化自身作为民事主体或者民间自治团体的身份意识，自觉遵循市场活动的一般规律，实现自我发展。比如，与使用者之间保持平等民事主体的关系，在授权许可及收取使用费等事务中开展平等的协商。

2. 行政机关应更多地肩负起“局外人”的监督职责

鉴于集体管理组织目前半官方甚至全官方的现状，以及集体管理组织运行中所反映的其与行政机关之间存在的微妙联系，学界对依靠行政机关对集体管理组织进行有效的监管以维护公共利益的观点普遍持悲观态度。❹ 但是，这并不意味着对集体管理组织放弃必要的监管。相反，行政机关以正确的身

---

❶ 王萍：试论网络环境下著作权的集体管理，生产力研究，2010 年第 2 期。

❷ 所谓政府职能社会化，是指政府调整公共事务管理的职能范围和履行职能的行为方式，将一部分公共职能交给社会承担并由此建立起政府与社会的互动关系以有效处理社会公共事务的过程。王乐夫、李珍刚：论中国政府职能社会化的基本趋向，学术研究，2002 年第 11 期。

❸ 胡健：让当事人意思自治主宰 K 歌收费，法制日报，2006 年 11 月 30 日，第 3 版。

❹ 李潇雨、王宏：对我国著作权集体管理模式的法理解析，华北电力大学学报（社会科学版），2011 年第 1 期。代水平：试论中国著作权集体管理模式的选择，西北大学学报（哲学社会科学版），2010 年第 1 期。

份定位，在适当的时段以适当的手段对集体管理组织进行监督和管理，既是消除利益各方质疑的有效方式，也是保证集体管理组织健康运行的必然选择。

事实上，《条例》本身包含有关集体管理组织自身管理和外部监督的诸多规范。就自身管理而言，第28条对提取管理费的用途和比例等方面作出了要求，第29条规定了转付使用费的方法和程序。第30～38条则是外部监督规范，包括行政机关监督、审计监督，以及权利人和使用者通过行使检举权所进行的外部监督等。

具体到行政机关的监管实践，一是要注意事前监管，防患于未然。具体内容包括：活动是否符合章程；审查收费标准、分配标准、合同样本、分支机构的设立和涉外合同；检查组织的活动；列席会议；核查年度预算、决算，等等。二是要有效降低监管成本，减轻集体管理组织的额外负担。

（二）适当的“趋市场化”

对权利人的激励机制必须建立在现实的经济收益之上，这就要求作品使用上的商业化。很多作品价值的实现都建立在作品商业化基础之上。[1] 集体管理制度作为一种有效的著作权交易形式，必须遵循市场交易的一般规律，以对作品的商业化利用及与之伴生的对利润的追求作为实现其设立宗旨的必然途径。简言之，集体管理最终走向市场化与商业化运作模式是大势所趋。

1. “趋市场化”有助于实现集体管理组织的设立宗旨

“版权系统所基于的中心前提是知识作品的创造者需要创造的动机。使用被版权保护的作品偿付的金钱可以被当作知识和艺术创造的动力，特别是被当作艺术家、作家和知识作品的创造者用来谋生的收入来源。”[2] 从这个意义上讲，直接的经济收益不仅构成对权利人有效的激励机制，更是维系其自身生存的基本物质保障。而在著作权法的制度设计中，用市场的经济回报来

---

[1] 冯晓青：知识产权法利益平衡理论，中国政法大学出版社，2006年，第100页。

[2] ［美］罗纳德·V. 贝蒂格：版权文化——知识产权的政治经济学，沈国麟、韩绍伟译，清华大学出版社，2009年，第7页。

激励对新作品的创作和传播的机制是非常重要的特点。在这种机制中，著作权法允许并鼓励作者对其作品的商业化，而作者从作品商业化中获得潜在或现实的利润，则是刺激作者创作作品经济上的重要动因。[1] 从权利人与集体管理组织之间的授权合同来看，集体管理组织实质上通过合同取得了依照自身意志管理作品的权利，同时要求其以善良管理人的注意及勤勉等义务，采取满足权利人利益最大化的许可使用方式。而这一切均必须在市场化运作的框架下方能实现。

2. 范例与启示——音集协的市场化运作及其成效[2]

音集协在自身运作过程中引入市场化的商业运营机制，即先由作为权利人的部分唱片公司自筹资金投入，用于维权、曲库建设、宣传、许可、市场稽核等，然后再通过版权营收逐步回笼成本。相关数据显示，权利人为音集协开展工作先期共投入 3.6 亿元，而音集协则在成立一年多的时间内收到卡拉 OK 版权使用费 1.7 亿元。如果说音集协最初引入市场化运作模式是迫于资金缺口的无奈之举，那么就其所取得的成果来看：一方面，满足了“能为权利人收到钱的模式就是有效的”权利人的利益诉求；另一方面，也得到了“音集协实施的有效模式是中国特色的集体管理，值得关注和推广”的专家认可。

显然，权利人对集体管理组织的认可度与信任度，与集体管理组织实现其经济收益的程度是成正比的，至于集体管理组织采取何种模式往往并不是权利人所关注的。而从理论上讲，著作权作为权利人所享有的私权，收取作品使用费原本即是权利人针对使用者所享有的权利，权利人将其授权集体管理组织行使并不改变该权利的私权属性，因此，集体管理组织如何行使这一权利也应以私权的视角予以审视。从这个意义上说，市场化的运作方式原本即属于集体管理组织自由选择的范畴。可以说，音集协的做法使一个原本可能无望的工作实现了突破，其先行先试则为其他集体管理组织提供了可借鉴

---

[1] 冯晓青：知识产权法利益平衡理论，中国政法大学出版社，2006 年，第 331 页。

[2] 洪玫：创新音像著作权集体管理运作模式，中国新闻出版报，2010 年 4 月 22 日，第 7 版。

的思路及运行模式。❶

二、承认集体管理组织为相对独立的利益主体

集体管理组织能否拥有自身的利益诉求一直是一个争论颇多的敏感话题。"它存在的全部意义在于最大限度地维护权利人的利益，除此之外没有其他利益，故各国法律也几乎都规定著作权集体管理组织为非营利性机构。"❷ 显然，相关论断是将利益诉求与营利性分割开来的。事实上，对于集体管理组织而言：一方面，营利性的定位并不意味着集体管理组织必然参与集体管理活动的利益分配；另一方面，非营利性的定位也不必然排除集体管理组织参与利益分配的合理性。总之，集体管理组织的利益诉求与其营利与否并无直接关联。而更为重要的是，集体管理组织并非"无个性的报酬收集协会"，❸其自身的生存与发展，既不能在扶持甚至救助之下苟延残喘，也不能在感情维系的框架内安枕无忧。通过合法与合理的利益关系所建立起来的链条才是稳固和值得信赖的，才是保证集体管理制度持久存在的基础。

（一）集体管理组织无须避讳自身的利益诉求

承认集体管理组织的利益诉求并非一厢情愿的主观臆想，更多的是基于对其生存现状的理性思考，尤其是对于促进其发展的客观需要的考量。同时，也是对其"营利性"诘难的有力反驳。

1. 维持自身正常运转的需要

如果将集体管理制度还原为著作权交易的形式之一，特别是将集体管理组织更多地定位为服务者的情况下，不得不考量其在运作过程中的成本问题，

---

❶ 事实上，其他集体管理组织也在尝试着商业化模式的运作。例如，文著协积极与数字出版商谈判，主动推广会员作品，坚持预付版权费加分成的模式。音著协与百度、酷狗等公司达成了旨在解决在线音乐传播权授权模式的正版协议，促进了在线音乐正版化的进程。

❷ 周俊强：知识产权的基本理念与前沿问题，安徽人民出版社，2006 年，第 101 页。

❸ ［法］雅克·蓬贡班：戏剧作品和音乐戏剧作品的集体管理，载自：国家版权局，著作权的管理和行使文论集，上海译文出版社，1995 年，第 228 页。

如组织内部的监管成本与权利的实施成本等。[1] 相比之下，目前我国集体管理组织基本上不存在以上三种收入，[2] 只是从收取的使用费中提取一定比例的“管理费”用以维系自身的运转，又往往因提取比例甚至提取原因等问题遭受严重质疑。因此，承认集体管理组织正当的利益诉求，无疑将有效缓解其在维持自身正常运转方面所面临的经济困境。

2. 形成激励机制的需要

激励理论是著作权制度立法原则与正当性解释的主流学说之一。激励理论认为，著作权法是通过权利配置来激励信息生产和传播的制度工具。[3] 这一点不仅适用于对权利人创作作品的激励，也同样适用于对集体管理组织促成著作权交易的激励。尽管集体管理组织有着明确的公益性目标，但似乎也找不到合适且充足的理由，反对其针对实现公益性目标过程中所提供的服务，收取一定的费用作为对价。[4]

除此之外，“一方面，非营利组织有被商业机构同化的危险；另一方面，也有被公共领域收编的危险”[5]。在我国，集体管理组织即面临着如著作权代理机构等营利性组织的冲击，后者往往实力雄厚且机制灵活。如果为保障集体管理组织的业务开展乃至生存，而以立法的形式限制著作权代理机构等，不仅违背法治原则，事实证明也无法达到预期目标。因此，以适当的利益回报作为必要的激励机制，既是促使集体管理组织积极履行职责的保证，也有

---

[1] 即使从非营利组织的视角来看，其收入主要有三种类型：①收费，包括会员费、直接为客户服务所得服务收费、投资收益和所有出售物品服务的所得。②公共部门的支持，包括来自政府部门和准政府部门的资助和支持。③慈善和私人捐赠，包括个人捐赠、私人基金会、企业捐赠以及通过项目或合作的形式捐赠。［美］莱斯特·M. 萨拉蒙等：全球公民社会——非营利部门视界，贾西津、魏玉等译，社会科学文献出版社，2007 年，第 389 页。

[2] 公共部门为非营利性部门提供大部分，至少也是重要的资金支持，如德国。而在我国，公共部门或政府对集体管理组织的扶持仅仅表现为一种宏观层面的政策支持，并非直接的经济或财政支持。在会费方面，目前除了摄著协要求会员交纳为数不多的会费以外，其他四个集体管理组织均不收取会费。

[3] 熊琦：著作权激励机制的法律构造，中国人民大学出版社 2011 年版，第 20 页。

[4] 事实上，如美国、澳大利亚等国的非营利组织正是以服务收费作为其主要收入来源的。

[5] ［美］莱斯特·M. 萨拉蒙等：全球公民社会——非营利部门视界，贾西津、魏玉等译，社会科学文献出版社，2007 年，第 81 页。

助于其与著作权代理机构等展开真正竞争意义上的抗衡，更好地实现集体管理组织的设立宗旨。

3. 完成自身职责的需要

授权集体管理组织行使著作权，意味着权利人在某种程度上放弃了对作品使用的控制，这就需要权利人对集体管理组织的信任，至少，权利人必须相信集体管理组织在促使作品商业化方面的兴趣及能力。指望一个不以市场交易规律为准则的组织实现其所代表的成员的利益最大化，不仅在逻辑上说不通，在实际运作中也必然面临诸多质疑与矛盾。作为细化社会分工成果的集体管理组织，需要依靠自身的管理经验和专业知识，在与使用者的谈判等行为中为权利人谋求利益的最大化。因此，集体管理组织以利益为导向，在引入商业机制的基础上开展自主化经营，其实只是完成其自身职责的客观需要而已。

（二）集体管理组织利益的相对独立性

基于集体管理组织的客观需要，肯定其对利益的正当诉求，只是完成了第一步。受制于集体管理组织公益性目标所需要的公信力，应将其主要来源于提供著作权交易媒介服务所得的利益，独立于权利人、使用者与行政机关的利益。换言之，集体管理组织可以作为利益主体而存在，但必须是相对超脱的利益主体。

首先，集体管理组织的利益应独立于权利人。“个人的力量的单薄使得人们需要进一步寻找更为有效的保护制度，这就需要人们要适当地放弃一些自己的利益，按照契约原则组成一个共同体。”❶ 也就是说，权利人依契约理念将权利授予集体管理组织行使并从中获利，是以让渡一定的利益于集体管理组织为代价的。因此，无论集体管理组织与权利人之间的关系表现为信托、代理抑或其他形式，二者之间均为独立的民事主体，相互之间的利益关系也应当予以明晰。尤其是集体管理组织不能凭借信息优势和技术优势等，挤占或掠夺本应属于权利人的利益。

---

❶ 费安玲：论著作权的权利体系构成的制度理念，科技与法律，2005 年第 2 期。

其次，集体管理组织的利益应独立于使用者。集体管理组织促进作品传播的公益性目标，要求其必须以平等的理念对待所有使用者，而不能完全以利益考量为出发点，有针对性地选择使用者，借以保持与使用者之间的利益独立。

最后，集体管理组织的利益应独立于行政机关。鉴于我国集体管理组织在发展过程中，非但不能从行政机关得到相应的经济支持，相反却成为某些行政机关寻求自身利益的工具或手段。这种关系定位上的混乱，使得集体管理组织在追求自身利益的同时，尤其需要划清与行政机关的界限，否则将难免沦为个别利益集体的代言人。

三、合理的利益分配机制的建立

在以集体管理组织为媒介的著作权交易中，“当交易成本为零时，法律规定的不同选择也会影响到社会财富的分配问题。因为当人们无须为社会交往支付费用时，即使法律的规定不会影响到为解决问题总体上需要支付的费用的数量，但法律规定还是会影响到底由谁来承担所支付的费用，而由谁来支付的问题就是社会分配的问题。”[1] 况且，集体管理组织的出现对于著作权交易而言，只是在一定程度上降低了权利人与使用者的交易成本，并未完全消除交易成本。事实上，尚未完全消除的本应由权利人或使用者负担的交易成本，反而转由集体管理组织来负担。比如，集体管理组织为从事相关的集体管理活动，需要建设作品数据库等基础设施；构建适应数字化时代的在线授权与在线交易系统，也需要巨大的资金支持。在目前我国集体管理组织缺乏必要的公共财政支持的情况下，这些新增的交易成本往往是由集体管理组织自行承担的。

因此，在集体管理制度下，如果只是承认权利人及使用者的利益，在制度设计上仅仅关注权利人经济收益的实现及使用者获取授权的便利，而忽视

---

[1] ［美］罗宾·保罗·马洛伊：法律和市场经济——法律经济学价值的重新诠释，钱弘道、朱素梅译，法律出版社，2006 年，第 98-99 页。

充当二者交易媒介角色的集体管理组织的必要成本支出，进而造成对其所应当获取的正当利益的漠视，由此所引发的集体管理组织的失落感与挫折感，甚至在实际运作中所可能面临的现实的经济困境，无疑将在很大程度上影响其开展业务的积极性。

总之，集体管理制度下涉及权利人、使用者及集体管理组织等多方主体。在以利益创造为目的之一的集体管理制度设计中，忽视其中任何一方的利益诉求，均可能对集体管理制度所试图打造或维系的利益平衡格局造成破坏。因此，较为可行的解决途径在于承认集体管理组织正当的利益诉求，建立合理的利益分配机制，这不仅是集体管理制度下实现利益平衡的外在表现，更是实现该目标的内在动力。

第四章 使用费的收取与分配——利益交汇点及其矛盾化解

正如保罗·戈斯汀所言："绝大部分著作权涉及的还是钱的问题。"❶ 前面所述卡拉OK著作权使用费分配方案，虽然仅限于卡拉OK行业有关音乐作品和音乐电视作品的著作权使用费的分配，却引发公众对我国集体管理制度的质疑，也是我国目前集体管理制度运行现状的缩影。"收费与分配是著作权集体管理组织最主要的工作。可以说，没有这两项工作，著作权集体管理组织就失去存在的意义。"❷ 但多数国家对此并没有具体的规定，其理由是：具体的收费和分配实际上是非常具体而烦琐的财务工作，不宜由法律规定，而应该通过集体管理组织同使用者的自由协商和集体管理组织的章程规定解决。❸ 而在我国，由于集体管理制度的社会认知度和接受度较低，其运行面临诸多阻力，尤其是使用费的收取和分配更是集中引发争议的焦点问题，立法仍有必要对此作出适当的回应。

第一节 使用费背后的利益之争是各方矛盾的根源

集体管理组织以自己的名义为权利人主张财产权利收取使用费，并将收益公平地分配给权利人，这是集体管理制度的基本运作方式，也是权利人将

❶ [美] 保罗·戈斯汀：著作权之道：从谷登堡到数字点播机，金海军译，北京大学出版社，2008年，第4页。

❷ 许超：我国著作权集体管理的立法现状（续），中国专利与商标，2004年第2期。

❸ 蒋万来：论我国著作权集体管理制度的完善，电子知识产权，2003年第11期。

其权利授予集体管理组织行使的基本考虑。因此，权利人的经济利益最终能否实现，最终落脚点即在于使用费的收取和分配问题。而恰恰正是使用费背后各方主体的利益之争成为引发针对集体管理制度质疑的根源。

一、集体管理组织收取使用费的正当性解析

（一）权利来源——权利人的授权

1. 向使用者收费是权利人实现财产权利的直接方式

从根本上讲，许可他人使用自己的作品并向使用者收取使用费，是法律承认并直接赋予权利人的权利，属于权利人第一位的固有权利，涵盖了作品使用的所有形式，也是实现权利人著作财产权的直接方式，是维持和激励权利人创作积极性的最为直接的因素。对于作品利用的控制与作品利益的实际获取分属两个不同的层次，二者呈现出手段与目的的关系格局，在现行《著作权法》更为关注权利人对作品的控制权的背景下，如何有效地保障权利人实际获取报酬即成为立法修订亟须解决的问题。据此，有学者提出在《著作权法》第三次修订中增加权利人的"获得报酬权"。[1] 从作品使用的双方当事人来看，由于使用方式的日趋多样化与复杂化，权利人往往处于事实上的弱势地位，单纯依靠权利人的力量无法有效控制作品的使用，更无法通过当事人之间的意思自治保障权利人获取实际收益，而从立法上明确权利人的获得报酬权，使得权利人可以在这一法定权利的底限之上明确报酬数额，增加了权利人在作品许可使用谈判中的砝码，有利于其财产权的实现。

2. 集体管理组织收费的权利源于权利人的授权

相比权利人而言，集体管理组织收费的权利是后天获得的权利，是第二位的。《条例》第 2 条规定的集体管理组织的职权中包含"向使用者收取使用费"，实际上，这只是权利人将自己享有的包括收取使用费在内的权利授

---

[1] 冯晓青、付继存：对我国《著作权法》第三次修改的若干意见，中国专利与商标，2012 年第 3 期。

予集体管理组织行使而已，因此，权利人的授权是集体管理组织作为收费主体的最为基本的前提条件，也是判断其作为收费主体的适格性时最重要的依据。换言之，集体管理组织的收费权是基于法律的规定和权利人的授权而取得的，尤以后者为重。同时，集体管理组织的收费权是有限的，其范围取决于权利人的授权范围。

（二）集体管理组织的收费权不可转授

集体管理组织的重要职能之一就是收取作品使用费，但是在卡拉 OK 使用费收取过程中，音集协却以系统兼容、成本效率等原因将收费权径直委托给天合公司行使。[1] 天合公司的背景及其引发的质疑已如前面所述，对于音集协等集体管理组织转授收费权的做法，虽然司法部门与业界人士之间仍存在分歧，[2] 但单纯地从法理的视角来看，这一做法显然是值得商榷的。

集体管理组织的成立及其职能，包括收取使用费等权利均来自权利人的授权，授权的形式可以为信托或者代理等。如果是以信托方式授权，根据《信托法》第 30 条的规定，受托人原则上不得委托他人代为处理。[3] 如果是以代理方式授权，根据《民法通则》及相关的司法解释，除非被代理人事先授权可以转委托、转委托前征得被代理人同意、转委托后得到被代理人追认或者情况紧急等原因之外，代理人均不得擅自转委托。[4] 因此，无论集体管理组织与权利人之间的关系为信托还是代理，集体管理组织都无权擅自将收费权自行转授任何其他组织或者个人。

---

[1] 类似地，影著协亦将其使用费的收取工作委托中录网尚公司具体执行。中录网尚公司由中国录音录像出版总社和网尚文化公司共同出资设立，其中，中国录音录像出版总社是文化部直属的国家级、规模最大的音像出版发行单位，也是最大的进口音像制品分销代理商；而网尚文化公司则是影视娱乐内容数字发行服务提供商，由 IDG 资本和迪士尼投资基金共同投资创办。

[2] 祝文明、黄伟：北京高院专题研讨著作权集体管理，中国知识产权报，2011 年 9 月 28 日，第 8 版。

[3] 《中华人民共和国信托法》第 30 条规定："受托人应当自己处理信托事务，但信托文件另有规定或者有不得已事由的，可以委托他人代为处理。受托人依法将信托事务委托他人代理的，应当对他人处理信托事务的行为承担责任。"

[4] 马俊驹、余延满：民法原论（第二版），法律出版社，2005 年，第 227 页。

（三）使用费的收取并非行政收费

在我国，对于费及收费的概念、性质等问题，理论界众说纷纭，实务部门在具体操作上也不尽统一，[1] 使得公众对各种名目的费用收取不甚理解，进而往往采取较为抵制的态度。这一点甚至波及到了集体管理组织对作品使用费的收取问题上。

应当明确，就作品使用收取费用实质上是权利人所享有的民事请求权，这一权利性质并未因将其授权给集体管理组织行使而发生任何改变。一般而言，行政收费是因为国家向私人提供了服务，私人付给国家的报酬。[2] 因此，行政收费一般是由政府及其授权单位实施的，鲜明地体现着国家公权力的运用，且往往以法律的明确规定作为基本依据。而集体管理组织作为依托权利人授权而成立的社会团体，并非基于公共权力机构授权而提供普遍的社会公益服务，只是普通的民事主体而已，既无任何行政权力可言，也无获得公共权力机构授权之可能。"'音著协'的收费是一种'管理'，但此处的管理是受托人对委托人所托之事的管理，而不是政府对社会公众事务的管理，不带行政性质。所以，即使有收费方法和收费价格的规定，这种方法和价格并不是不可协商的。"[3] 也就是说，集体管理组织的行为并不包含任何运用国家公权力的意味，其对使用费的收取自然也非行政收费。[4] 进一步而言，如果使用者拒绝向集体管理组织交纳使用费，也只能通过普通的民事争议处理程序加以解决，而不会引起行政处罚等程序的启动。

二、使用费对各方主体利益的影响

集体管理制度框架下各方主体的利益得失，特别是权利人的财产权利的实现，很大程度上取决于使用费的收取与分配。但从实际情况来看，"人们

[1] 刘剑文、熊伟：财政税收法（第四版），法律出版社，2007 年，第 65-69 页。
[2] 漆多俊、冯果：经济法学（第三版），武汉大学出版社，2011 年，第 398 页。
[3] 王晓东：背景音乐收费为何难以进行，北京青年报，2003 年 4 月 20 日，第 A7 版。
[4] 类似对于集体管理组织收费需要经过事先听证的意见，实际上是对该收费的性质认识不清所导致的错误结论。

不满现行版权体制和权益收取方式，这一点只有外星人才会否认”[1]。显然，各方利益主体在使用费问题上并未实现“各得其所”的理想局面，甚至出现各方均不满意的尴尬场景。

（一）权利人并未从使用费中获得预期收益

尽管著作权法的目的是激励创新，经济报偿只不过是这一主要目的的副产品。[2] 但是，通过现实的或可期待的经济利益调动权利人创作作品的积极性，无疑是激励创新的有效途径。对于将权利授权集体管理组织行使的权利人而言，基本上丧失了自由决定和选择使用者的权利，其专有性权利往往弱化为一种类似强制性的被动许可。权利人之所以作出如此牺牲，很大程度上源于其对集体管理组织所可能为其带来的预期收益的希望。可以说，集体管理制度通过汇集权利人及其作品并实施集中授权，确实强化了权利实现的可能性。同时，相对固定的收费主体和相对统一的收费标准也有利于构建良性的约束机制。但是，“即使在著作权集体管理机构健全和法制发达的国家和地区，著作权人实现其利益也不是一件容易的事”[3]。我国集体管理制度的实际运行尚未达到上述理想的效果，权利人并未从使用费中获得预期的收益，甚至从未收到来自集体管理组织的利益分配。

（二）使用者对使用费的抵制与成本转嫁

“当一个人已经习惯免费午餐的时候，一夜之间，要他开始为此付钱，我们可以想象他的各种情绪，吃惊、迷惑，甚至抵触。这种种情绪靠一纸规定来化解，并不是一件容易的事情。所以尽管在音著协的帮助下，中国的音乐人已经开始得到回报，但是他们仍然面临挑战。”[4] 从收益多寡的角度来

---

[1] ［荷］约斯特·斯密尔斯、玛丽克·范·斯海恩德尔：抛弃版权：文化产业的未来，刘金海译，知识产权出版社，2010 年，第 36 页。

[2] ［美］Jay Dratler，Jr.：知识产权许可（上），王春燕等译，清华大学出版社，2003 年，第 6 页。

[3] 刘春田：知识产权法（第四版），中国人民大学出版社，2009 年，第 136 页。

[4] 背景音乐收费之争［OL］. http：//www. cctv. com/oriental/sklx/jmnr/20021031-16. html。

看，对作品使用者收费是对原本属于其收益部分的直接剥夺，难免遭遇其抵制。[1] 可喜的是，在著作权意识和观念逐步深入人心的当下，使用者已经意识到付费是使用作品的前提，其更多的只是从自身利益出发，期待一个合适的利益平衡点。因此，使用者并未否认收费目的固有的正当性，其对收费虽有不同意见，但大多仍以愿意支付必要费用作为协商的前提。换言之，使用者的抵触态度更多的源于对收费标准及过程不透明的质疑，而非收费本身。这也提示集体管理组织不能仅仅完成收费工作，而是应当更加注重凝聚和整合使用者的利益诉求。

（三）终端使用者的不满——成本转嫁的最终承担者

终端使用者（消费者）向作品使用者支付的消费费用，与使用者向集体管理组织交纳的著作权使用费是截然不同的两种费用，原则上并无直接关联。但是，著作权使用费的收取必然削减使用者的收益数额。在利益最大化的驱使之下，使用者势必寻求填补利益流失的办法，而最便捷的途径莫过于提高终端消费者的消费费用，转嫁作品使用成本。此时，更需要寻求各方利益的平衡点。过多强调对某一方的限制或者保护均是缺乏理性的，以牺牲一方的合法权益为代价填补另一方权益的缺失更是非正义的。既要考虑终端使用者的负担能力，又不能阻碍使用者增加收入的合理渠道，同时还要将价格上涨的负面效应控制在适当的范围之内，以缓解使用费转嫁的矛盾并抑制可能由此引致的利益冲突。

三、本质还原——个人利益、部门利益与公共利益之争

使用费的收取与分配关乎权利人的收益与使用者的使用成本，因此，权

---

[1] 最为典型的是音著协在收费过程中所遭遇的昆明市饭店集体停播背景音乐事件。2008 年 12 月，昆明市 200 余家酒店联合抗议音著协云南办事处集中收取背景音乐著作权使用费，代表这些酒店的昆明市饭店和餐饮行业协会更是集中就“收费标准”“收费范围”“利益分配”三个问题对音著协提出了质疑，在此前收取背景音乐播放费已陆续在全国二十余个城市展开的背景下，如此大规模“抱团”停放背景音乐和质疑音著协的现象尚属首次。储皖中、高慧：势在必收 VS 质疑重重——音著协强势回应“昆明饭店集体停播背景音乐”，法制日报，2008 年 12 月 15 日，第 8 版。

利人与使用者就此产生矛盾亦属正常现象。但是问题在于，在这种正常现象之外却存在不正常之处，即使用者无法通过合适、顺畅的渠道表达不同意见，而集体管理组织往往也面临来自使用者的不满情绪，并且这种不满情绪可能以各种外在的形式表现出来，如直接向集体管理组织提出质疑、号召行业抵制、挑起舆论风波等，使得集体管理组织的收费工作在抱怨与对抗中举步维艰。与此同时，行政机关的表现似乎为上述乱象起到了推波助澜的作用。解决上述问题，不仅要在收费标准制定程序上重视协商以增强其透明度，而且要从各方的不同反应中还原其本质上的利益纷争。

（一）看似出人意料——行政机关成为各方质疑的焦点

在上述事件中，作为收费主体的集体管理组织与负有交费义务的使用者本是利益对立的双方，但是，使用者针对收费标准的质疑却更多地指向了行政主管机关，使得后者出人意料地成为事件中的“风暴眼”。

应当看到，作品使用费的收取与交纳实质上是著作权交易的外在表现形式，因此，收费标准应当是在集体管理组织和使用者根据作品使用情况进行谈判、协商的基础上形成的。在这一过程中，行政机关不便介入也不应介入其中。但在上述事件中，行政机关似乎主导着整个事件的进行。一方面，行政机关几乎介入收费的全过程，从决定收费至收费标准的公布，均由国家版权局出面予以公告；另一方面，国家版权局强势介入争议，一再辩称使用费的性质不是行政收费，并通过各种渠道解释和说明收费标准的合法性与合理性，甚至动用国家公权力强制性地推行收费标准的实施，以至于使用者甚至社会公众对使用费的性质产生误解。

（二）乱象之后的本质是各方对利益的争夺

个体利益与公共利益既相互独立，又相互依存，二者之间的冲突在著作权领域是一种常态，而使用费的收取无疑是引发二者冲突的主要领域。因此，集体管理组织在从事收费业务时，既要保证权利人基于作品使用所获取的收益，又要重视使用者包括终端使用者因其收费所可能产生的连锁反应。

对于行政机关而言，其应当在权利人、传播者与使用者之间保持公正、中立的立场，充当监督者和裁判者的角色，避免利益关系上的过多纠缠，以维护个人利益与公共利益之间的平衡关系。如果行政机关对集体管理组织的业务活动介入过多，不仅导致集体管理组织丧失应有的自主性和独立性，而且难免将自身的部门利益掺杂其中，不仅无法有效平衡权利人与使用者的利益关系，反而更容易激化二者之间的利益冲突。个别行政机关在集体管理制度运作尤其是使用费收取业务上争权夺利，为了狭隘的部门利益而置权利人、使用者个人利益于不顾，必将危及集体管理制度的健康发展。从长远来看，也不利于整个文化事业的健康发展。

第二节　收费标准的制定与实施

收费标准的制定是集体管理事务的重要组成部分，也是衡量私权自治的重要标志，在很大程度上决定了集体管理制度各方的利益格局。在《条例》制定过程中对此出现了几种意见。[1] 应当说，无论采取何种方式制定收费标准，首先要考虑到集体管理组织与使用人是平等主体之间的民事法律关系，集体管理组织应当综合参考作品使用中的诸多因素，听取各方的意见特别是利益诉求，依据法定程序制定出科学合理的收费标准，作为其与使用者协商确定最终收取使用费数额的基础，并将上述行为置于行政机关的监督之下，以确保集体管理组织的正常运行。

一、性质的厘清——收费标准并不具有强制性

作品使用者与权利人是法律地位平等的民事主体，二者应当在意思自治

[1] 第一种意见认为，国家应当制定统一的使用作品的收费标准，由集体管理组织和使用者遵照执行，避免在收费标准上产生纠纷；第二种意见认为，既然集体管理组织报请有关部门审批并公布的使用费收取标准并没有强制效力，设立集体管理组织时就没有必要提交使用费收取标准草案，使用费收取的具体标准可以由集体管理组织与使用人协商确定；第三种意见认为，使用费收取标准主要应当由集体管理组织与使用人协商确定，但是，有关主管部门应当能够实行一定的控制。金武卫：《著作权集体管理条例》主要问题评述，电子知识产权，2005 年第 2 期。

的基础上就作品使用费问题进行协商。《著作权法》第 28 条对此作出了相应规定，[1] 表明付酬标准应以合同约定为主，政府定价为辅，强调了权利人一方的出价权，为接受权利人授权的集体管理组织制定收费标准提供了基本的法律依据。据此，《条例》第 25 条即规定，集体管理组织应当根据公告的使用费收取标准，与使用者约定收取使用费的具体数额。[2]

从以上规定不难看出，由于集体管理组织并非法定的定价部门，亦无法律所认可的定价权，因此，由其制定并由行政机关公告的收费标准，对于作品使用所涉当事人并不具有强制性的约束力，最终的收费数额原则上应由权利人与使用者协商确定。而在集体管理制度框架下，则应由接受权利人授权的集体管理组织与使用者协商确定，且集体管理组织不得无故拒绝议价，并最终以授权合同或许可证的形式固定下来。从这个意义上讲，使用费收取标准仅仅是谈判依据，而非真正意义上的收费依据。[3] 制定该标准的主要目的在于事先确定一个包含最高限额与最低限额的参考收费区间标准，将集体管理组织与使用者就协商使用费所可能出现的冲突限定在一个较小的幅度之内，有利于快速达成一致协议，节约谈判成本。[4] 只有当双方主动选择已经制定并公布的收费标准，或者在双方没有约定或者约定不明确时才按照收费标准收取使用费。在集体管理实践当中，如音著协即根据使用者对音乐作品的依赖程度等拟订收费标准，报国家版权局公告之后，以此标准为基础与使用者协商确定收费数额。

---

[1] 该条规定：“使用作品的付酬标准可以由当事人约定，也可以按照国务院著作权行政管理部门会同有关部门制定的付酬标准支付报酬。当事人约定不明确的，按照国务院著作权行政管理部门会同有关部门制定的付酬标准支付报酬。”

[2] 国家发展改革委办公厅《关于音乐著作权使用费问题的复函》（发改办价格［2003］1253 号）对此也重申：“‘音乐作品使用费’标准只是音乐著作权人与音乐作品使用者进行协商的参考，不具有强制性。”

[3] 2000 年 9 月 21 日国家版权局对音著协下达的《关于同意试行〈使用音乐作品进行表演著作权许可使用费标准〉和〈使用音乐作品制作数字化制品著作权许可使用费标准〉的批复》中指出：“经研究，同意你协会将《使用音乐作品进行表演著作权许可使用费标准》和《使用音乐作品制作数字化制品著作权许可使用费标准》作为许可使用音乐作品进行表演和制作数字化制品的谈判依据。”

[4] 张心全：从 TCL 与音著协纠纷案看我国的著作权集体管理，中国版权，2004 年第 2 期。

二、收费标准的制定主体

（一）认识上的误区及其澄清

对于集体管理制度框架内收费标准的制定主体，有学者依据《条例》第13条的规定，认为使用费收取标准由集体管理组织制定，无视著作权人和使用人的利益保护，有违民法的基本原则和精神。❶ 应当说，该种理解并不十分准确。根据《条例》第17条的规定，集体管理组织的会员大会作为其权力机构，行使制定和修改使用费收取标准的职权。一方面，这是集体管理组织依照内部治理结构行使自治权的需要；同时也以立法形式清晰地表明，收费标准的制定主体是集体管理组织的会员大会，而非笼统意义上的集体管理组织，更不是其他任何行政机关或社会团体。

可以说，由会员大会制定收费标准是各国集体管理制度的通行做法，因为只有以权利人的身份作为会员参加会员大会，才能以切实的自身利益出发考虑收费标准的制定问题。在我国出现的如对会员大会制定收费标准的代表性不足的质疑，最为关键的原因在于，目前集体管理制度在我国发展不充分，集体管理组织因吸纳权利人过少所导致的代表性不足，而非会员大会自身的代表性不足的问题。

（二）应充分发挥市场机制的作用

集体管理制度在权利人与公众之间建立了一个信息产品市场，有权利人的许可，公众对该种产品的付费利用成为合法。❷ 因此，为避免僵化，收费标准的制定应以市场供求关系及其变化为基本依据，使其既不会因程序烦琐而无法得到及时调整，也不会保持长时期内与实际不符的收费标准上限或下限。“即便在著作权协会有权确定报酬的情况下，也宁可通过协议来确定，这样做明显有益于全体当事人：作者代理人与作品使用者的关系在平稳与协

❶ 周福希、万睿：从“卡拉OK版权收费”透视我国的著作权集体管理制度，广西政法管理干部学院学报，2010年第1期。

❷ 许若群：网络作品集体管理制度初探，知识产权，2000年第2期。

商中发展，而不必求助于国家机构或法庭的仲裁。”❶ 也就是说，集体管理组织对作品利用过程的介入，仅仅意味着在整合权利人个体力量基础上的谈判能力的提高，对作品许可使用合同所涉及双方当事人的民事主体性质并未产生任何影响。集体管理模式下的著作权交易定价机制仍应遵循一般市场规则，因为只有市场才能够决定公平合理的价格构成，而并非“著作权的定价机制应当是市场规则，政府定价作为补充”❷。言外之意，行政机关在定价过程中至多充当监督而非参与的角色。

《著作权法》修改草案前两稿均只规定“著作权集体管理组织的授权使用收费标准由国务院著作权行政管理部门公告实施”，非常模糊地描述了定价机制，引发社会各方诸如定价主体不明确、自由裁量空间过大等质疑。可能是出于妥协的需要，第三稿及送审稿中将其表述为“著作权集体管理组织应当根据管理的权利提供使用费标准”。但是，“提供”并非“制定”，收费标准的制定主体问题仍然显得扑朔迷离。显然，集体管理组织仍然强势地试图维持其对著作权交易的控制权，而行政机关对于集体管理市场运作的干预冲动，特别是对其所可能产生利益的难以割舍，与集体管理制度所涉及权利人和使用者等民事主体实现意思自治及交易自由的利益博弈仍在持续。

三、收费标准制定程序所可能产生的不公及其克服

程序的公正透明是实现实体公正的重要保证。目前我国集体管理组织制定收费标准的程序性缺陷，已然成为阻碍收费工作正常进行的重要因素，并极大地损害了集体管理制度的公信力。因此，应当着力构建制定收费标准的科学程序，克服现有程序设计中所可能产生的不公。

（一）收费标准制定程序解析

结合《条例》的规定，集体管理组织出台收费标准的流程大致分为两

❶ ［西］德利娅·利普希克：著作权与邻接权，联合国教科文组织中译本，中国对外翻译出版公司，2000 年，第 348 页。

❷ 冯晓青、付继存：对我国《著作权法》第三次修改的若干意见，中国专利与商标，2012 年第 3 期。

步：第一步，即依据《条例》第7条和第17条的规定，作为集体管理组织设立的条件之一，应当先由集体管理组织通过其会员大会，制定使用费收取标准草案和使用费转付办法草案；❶ 第二步，即依据《条例》第11条的规定将收费标准备案和公告。❷

1. 备案程序并不等同于行政审批

国家版权局1999年12月9日发布的《关于制作数字化制品的著作权规定》第5条规定："著作权集体管理组织制订的收费标准须经国家版权局审批后方能生效。"受其影响，对于《条例》中提到的"备案"，许多学者将其理解为含有"审查、批准"的意味，❸ 甚至将其看作纠正因集体管理组织单方制定收费标准而显失公平的方法。

应当说，此处的"备案"仅仅是将收费标准纳入行政机关的监督之下，以防范可能出现的管理漏洞及资金流失等情形，并不属于行政机关审批的范围。事实上，行政机关也并未对收费标准进行进一步的审查。❹ 如果将其理解为带有审查意味，也仅仅是对收费标准制定程序合法性的审查，行政机关并不能对收费标准的内容作出变更。之所以如此要求，主要是考虑到行政机关作为集体管理组织设立时的发起者和运行中的主管单位，难免与集体管理组织之间存在千丝万缕的联系，如果规定由其审批收费标准，则因更容易引发公众对其公允性的质疑而显得得不偿失。例如，我国台湾地区"著作权仲介团体条例"曾规定："集管团体所订定使用报酬率应经主管机关审议，由

---

❶ 制定使用费收取标准需要参考会员及其作品数量、市场占有率等要素，而在集体管理组织设立之时，此等要素尚未明确，难以保证使用费收取标准的科学性。因此，《条例》将使用费收取标准草案作为集体管理组织的设立条件之一并不妥当。

❷ 《条例》第11条规定，在国务院民政部门发给登记证书之日起30日内，由集体管理组织将收费标准报国务院著作权管理部门备案，并由国务院著作权管理部门公告。

❸ 李潇雨、王宏：对我国著作权集体管理模式的法理解析，华北电力大学学报（社会科学版），2011年第1期。周福希、万睿：从"卡拉OK版权收费"透视我国的著作权集体管理制度，广西政法管理干部学院学报，2010年第1期。吕睿：我国著作权集体管理组织相关问题再探讨——新疆首例KTV经营者诉音像、音乐著作权管理机构案评析，石河子大学学报（哲学社会科学版），2011年第3期。

❹ 言外之意，上述《关于制作数字化制品的著作权规定》中所确定的收费标准必须经国家版权局审批后方能生效的做法已在事实上被废止。

此引发包括是否违宪等诸多争议”。及至修订颁布“著作权集体管理团体条例”，将其修正为“以集管团体与利用人协议订定使用报酬率为原则，唯有当利用人申请审议使用报酬率时，方由著作权专责机关介入审议”[1]。更为重要的是，以何种标准收取作品使用费，毕竟属于集体管理组织与使用者之间民事交易活动的范畴，应当与作品的直接授权使用，即“一对一”的使用模式一样遵循民事交易的一般规则，行政机关完全没有必要介入这一再普通不过的民事活动领域。退一步而言，即使需要对收费标准进行行政审批，也应当由价格行政主管部门而非著作权行政主管部门进行。

2. 令人费解的公告程序设置

针对使用者乃至权利人及社会公众对收费标准制定程序的质疑和不满，应当尽可能地减少行政机关对该程序的介入。遗憾的是，《条例》又规定由国务院著作权管理部门公告收费标准，并且未进一步明确设置这一公告程序的目的，着实让人费解。[2] 一方面，由于该收费标准并无强制性，集体管理组织与使用者之间就使用费的收取问题仍需进行协商，因此，并无必要通过行政机关的公告程序增强收费标准原本就不存在的所谓“权威性”。另一方面，由于集体管理制度属于集中授权，涉及利益主体范围较广。为缓解或消除集体管理组织单方面制定收费标准所带来的局限性，可以考虑以公告为前提设置针对收费标准的异议期，留给各方利益主体一个表达利益诉求的机会。但是，有关集体管理制度的现行规范当中，根本没有异议期的相关规定。[3] 因此，对设置公告程序的性质与目的尚需有一个明确的说明。[4] 如果从加强

---

❶ 章忠信：99年新修正著作权集体管理团体条例简析，智慧财产权，2010年第137期。

❷ 事实上，对公告的作用已经产生了诸多误解。如“国家版权局对著作权集体管理组织的收费标准进行公告，实际上起到了核准的作用”。杨东锴、朱严政：著作权集体管理，北京师范大学出版社2010年，第75页。又如，“我国集体管理收费模式是在政府颁布基本标准的情况下，由集体管理组织与使用者自由协商”。王迁：著作权法学，北京大学出版社，2007年，第241页。

❸ 值得注意的是，《著作权法》第三次修改草案中增加了有关收费标准异议及其处理的规定，对此将在下面予以论述。

❹ 面对质疑，《著作权法》（修改草案）送审稿第62条在保留公告程序的前提下，将其表述方式修正为“著作权集体管理组织应当根据管理的权利提供使用费标准，该标准在国务院著作权行政管理部门指定的媒体上公告实施”。显然，公告程序的性质与目的仍未明确。

对收费标准的行政监督的目的出发，排除其中所可能产生的不当行政干预，至少也应当在立法中明确限定公告仅具有程序性意味。

（二）协商机制的建立与完善

不难发现，在上述收费标准制定程序中，由权利人组成的会员大会、集体管理组织，以及关系密切的行政机关共同决定了收费标准的内容，而作为收费对象的使用者等其他利益主体并未参与其中，使得收费标准的制定成为集体管理组织单方面的行为，如此出台的收费标准所反映的意愿往往不全面甚至是失衡的，导致收费标准有失公允的质疑不断。除此之外，由于集体管理组织与权利人和使用者之间缺乏沟通，使得彼此之间存在严重的信息不对称，不仅使用者对收费标准不满甚至抵制，就连作为受益者的权利人也往往因为不知晓自己的收益究竟为何，进而对收费标准漠不关心："收取版权费是件好事，但我们不知道好在哪儿？"[1] 显然，集体管理制度相较于传统的作品利用模式，所涉主体大大增加，而不同利益主体对包括集体管理在内的著作权制度的态度与立场存在诸多差异甚至冲突，这一点在收费标准的制定问题上体现得尤为明显。因此，集体管理组织不再能够轻松地以代表权利人的身份面对使用者，[2] 而是应当在收费标准制定过程中积极引入协商机制，引导更多的利益主体参与其中。

1. 协商机制的建立有助于实现利益平衡

由于牵涉的权利人与使用者往往人数众多，因此，收费标准的制定不仅是集体管理组织开展活动的基础性和前提性工作，也极易引发各方的利益冲突。如果仅仅由集体管理组织独自包揽收费标准的制定工作，并强制要求各方执行该标准，无疑是在人为地制造收费过程中的障碍和阻力，[3] 激化集体管理组织与使用者之间原本既已存在的潜在利益冲突。退一步而言，如果不能就收费标准达成一致意见，使用者可能的选择就是不再使用或者拒绝付费，

---

[1] 戴方：KTV 收版权费是好事，但不知好在哪？，北京晚报，2006 年 8 月 22 日，第 34 版。

[2] 唐晋伟：我国著作权集体管理组织的自治路径——从诉讼、收费和管理职能的变迁出发，载自：科技与法律，2010 年第 4 期。

[3] 钟秋：商业谈判能打破版权收费僵局，新京报，2006 年 11 月 22 日，第 16 版。

如此一来对各方均无益处。具体而言，如果使用者不再使用，集体管理组织往往以降低收费标准为代价换取交易机会，最终导致权利人的经济收益受损。而如果使用者拒绝付费，集体管理组织则需要通过诉讼等手段实施维权，徒增权利行使的成本。“自由市场下的自愿交易被视为创造者的最佳激励，能为他们提供评估自身社会贡献的最佳途径。”❶ 从这一点上讲，深入的对话与良性的沟通，有助于增加收费标准制定过程的透明度与科学性，符合集体管理组织的设立宗旨与职能定位，而协议的最终达成无疑是实现各方利益最大化的有效途径。

作为发挥市场机制作用的协商过程，集体管理组织在其中所要解决的首要问题，在于确立各方当事人的平等话语权。在尊重当事人意思自治的基础上，努力为其提供表达各自利益诉求的机会与空间，寻求各方利益的最佳契合点。应当说，在利益表达、碰撞与博弈的基础上制定的收费标准，通常表现为在集体管理组织的要求与使用者愿意及能够承担的限度之间所取得的妥协结果。而作为各方主体达成的共识，可以减少实际收费过程中因收费标准异议而引发矛盾的可能性，至少将使用者在后续商讨中的不满限制在一定范围内，不仅有助于收费工作的顺利进行，也有助于淡化或者消除目前集体管理制度中浓重的权力主义和功利主义色彩。

2. 协商机制的具体设计

从制度设计层面来看，为确保协商机制的有效运用，首先应当将协商机制作为强制性要求在立法中明确加以规定。❷ 在实践操作中，不同作品领域的集体管理组织可以基于不同的情况，考虑参与协商各方的代表性与协商方式的可行性，在制定收费标准时采取以下方式征求各方意见：①同代表某一

---

❶ ［美］Jay Dratler，Jr.：知识产权许可（上），王春燕等译，清华大学出版社，2003 年，第 286 页。

❷ 如日本《著作权与邻接权管理事务法》以自由化为基本原则，规定指定从业者应该同意相关使用类别的用户代表的要求，对其向文化厅长官报告的使用费规则进行协商。如果指定从业者没有接受协商请求，文化厅长官可以责令其进行协商；如果协商没有达成一致，文化厅长官可以责令重新协商。如上述协商最终未达成协议时，有关当事人可申请裁定。宋慧献、周艳敏：因应时代的著作权管理制度的革新——日本《著作权与邻接权管理事务法》评介，知识产权，2002 年第 5 期。

类型作品使用者的行业协会进行协商；②同大型传播媒体如全国性的广播电台、电视台进行协商；③采取座谈会等形式与权利人代表、使用者代表甚至终端使用者代表进行面对面的沟通与协商；④利用网络等平台对收费标准草案面向全社会公开征求意见，最大限度地扩展意见来源；⑤在召开集体管理组织会员大会制定收费标准时邀请使用者代表参加进行协商；⑥采取集体管理组织和所涉各方利益主体均认可的其他方式进行协商。

（三）收费标准公示异议期的设置及其救济途径

正如上文所述，在收费标准制定过程中建立协商机制有利于听取各方利益主体的意见。但无论协商机制如何完善，其代表性终归因代表人数的限制而存在某种程度的局限。同时，收费标准不仅直接关系权利人能否实现及在何种程度上实现其财产性权利，而且关乎使用者的成本支出，因此，在收费标准公示的基础上设置异议期，面向包括利害关系人在内的范围更广的不特定公众，进一步听取和吸纳各方意见，对最终出台的收费标准的科学性和广泛代表性无疑具有极大的促进作用。

现行《著作权法》及《条例》均未规定收费标准的公示异议期，使得几乎每次收费标准的出台均招致各方的批评和质疑，严重损害了集体管理组织的公信力。《著作权法》第三次修改草案的前后三稿及送审稿增加规定了异议期："有异议的，由国务院著作权行政管理部门组织专门委员会裁定，裁定为最终结果，裁定期间收费标准不停止执行。"与现行立法相比，上述规定一方面反映了立法者对社会公众意见的尊重和重视，无疑是一大进步；但是另一方面，仍存在以下问题有待进一步改进。

1. "行政终局"的做法与 TRIPS 协议要求不符

修改草案虽然规定了异议期，但在对异议的处理上，实行的是行政终局而非司法终局的做法。根据 TRIPS 协议第 41 条的规定："……对于行政的终局决定，以及（在符合国内法对有关案件重要性的司法管辖规定的前提下）至少对案件是非的初审司法判决中的法律问题，诉讼当事人应有机会提交司法当局复审……"在我国加入 WTO 之后按照此条要求对我国的《专利法》

和《商标法》均作出相应修改的背景下，[1]《著作权法》修改草案仍坚持行政终局的做法，并不符合 TRIPS 协议的权利救济要求，无疑是一种守旧甚至倒退的表现。

2. 针对异议的裁定办法有待进一步细化

在制定《条例》过程中，由于对因收费标准产生争议的仲裁问题争议过大，对此并未作出相关规定，仅将其作为一般民事纠纷处理。[2] 随着集体管理制度的发展，由收费标准所引发的争议和纠纷日益增多，给集体管理制度的发展带来极大的负面影响，甚至危及该制度的发展前景。基于此种考虑，在《著作权法》修改草案中增加规定了对收费标准异议的裁定办法。

由于宪政体制、行政组织、司法制度、市场机制等因素不同，各国针对收费标准争议的解决机制通常有三种模式：一是由普通民事法庭解决；二是由专门设立的特殊法庭或仲裁机构解决；三是由行政主管机关裁定收费标准。[3] 考虑到我国目前的行政体制及收费标准所涉争议的专业性等方面的因素，修改草案规定“有异议的，由国务院著作权行政管理部门组织专门委员会裁定”。有学者认为，在修改草案的定价机制中，国务院著作权行政管理部门制定收费标准，又组织专门委员会裁决，实际上使得救济机制形同虚设。[4] 显然，这是对收费标准制定主体的误解，因为如上所述，收费标准的

---

[1] 《专利法》第 46 条规定：“专利复审委员会对宣告专利权无效的请求应当及时审查和作出决定，并通知请求人和专利权人。宣告专利权无效的决定，由国务院专利行政部门登记和公告。对专利复审委员会宣告专利权无效或者维持专利权的决定不服的，可以自收到通知之日起三个月内向人民法院起诉。人民法院应当通知无效宣告请求程序的对方当事人作为第三人参加诉讼。”《商标法》第 33 条规定：“对初步审定、予以公告的商标提出异议的，商标局应当听取异议人和被异议人陈述事实和理由，经调查核实后，作出裁定。当事人不服的，可以自收到通知之日起十五日内向商标评审委员会申请复审，由商标评审委员会作出裁定，并书面通知异议人和被异议人。当事人对商标评审委员会的裁定不服的，可以自收到通知之日起三十日内向人民法院起诉。人民法院应当通知商标复审程序的对方当事人作为第三人参加诉讼。”显然，上述两部法律对权利人的权利救济均采取司法终局而非行政终局的做法。

[2] 金武卫：《著作权集体管理条例》主要问题评述，电子知识产权，2005 年第 2 期。

[3] 曹世华：著作权集体管理组织版权使用费标准争议解决机制探讨，电子知识产权，2009 年第 1 期。

[4] 冯晓青、付继存：对我国《著作权法》第三次修改的若干意见，中国专利与商标，2012 年第 3 期。

制定主体应为集体管理组织的会员大会，该裁定办法的设计并不会导致自己制定标准并由自己加以裁定的不合理现象。

而从专门委员会的构成来看，国外立法对此作了比较严格的要求，如美国规定仲裁委员会由总统任命的专员若干名组成，德国由主管版权事务的商标专利局负责，瑞士则由联邦委员会任命仲裁委员会成员。[1] 修改草案第三稿及送审稿在前两稿的基础上进一步明确“专门委员会由法官、著作权集体管理组织的监管部门公务员、律师等组成”。但是在实践操作中，“著作权集体管理组织的监管部门公务员”的参与是否会影响裁定的独立性与权威性，仍不无疑问。而其他诸如专门委员会的构成人数、回避申请及其处理、裁决程序、裁决审查方式、作出裁决结果的人数比例要求等，仍有待进一步细化，否则将使该条款的规定最终落空。

四、制定收费标准所参考的因素

科学合理的收费标准，应当同时满足权利人经济利益的实现、使用者获得作品使用许可的需要以及集体管理组织的有效运营。但是，由于著作财产权价值评估的复杂性、作品使用人与著作权人及其集体管理组织的利益分歧等客观因素的制约，要想制定出合理的版权使用费标准亦绝非易事。[2] 因此，选择合适的参考因素就成为制定尽可能满足各方需求的收费标准的重要保障。[3] 我国台湾地区“著作权集体管理团体条例”第 24 条规定，“集管团体使用报酬率之订定应审酌下列因素：①与利用人协商之结果或利用人之意见；②利用人因利用著作所获致之经济上利益；③其管理著作财产权之数量；

---

[1] 金武卫：著作权集体管理条例主要问题评述，电子知识产权，2005 年第 2 期。

[2] 曹世华：著作权集体管理组织版权使用费标准争议解决机制探讨，电子知识产权，2009 年第 1 期。

[3] 例如，德国《集体管理组织法》规定，集体管理组织在制定报酬标准时，应当考虑以下因素：使用人通过使用将获得的币值利益、一部著作在使用过程的总范围中的使用比重，也应适当考虑支付报酬人的宗教、文化和社会利益以及青少年的利益。全国人大常委会法制工作委员会民法室：《中华人民共和国著作权法》修改立法资料选，法律出版社，2002 年，第 356 页。

④利用之质及量；[1] ⑤其他经著作权专责机关指定应审酌之因素。”

（一）《条例》所确立的收费标准参考因素的不足

《条例》第 13 条规定了集体管理组织制定使用费收取标准时所应参考的因素。[2] 单纯地从立法技术来考量，该条规定存在以下几个问题：①采用完全列举的方式而非兜底条款规定收费标准制定时的参考因素，在很大程度上忽略了在作品使用过程中有可能出现的影响收费标准的各种特殊情形。试想，刚刚出道的歌手想及时将自己推向大众而授权集体管理组织以极低的费用向使用人许可自己的作品，又有何不可？[3] ②上述规定中的因素更多的应为参考性的而非强制性的。从著作权的私权属性出发，集体管理组织的活动亦属于民事活动，因此，收费标准的参考因素理应纳入当事人意思自治的范畴而并非必须参照适用的。换言之，当事人各方完全可以依照上述参考因素之外的其他因素确定收费标准。因此，上述规定中以“应当”的表述将参考因素作为强制性要求并不妥当。③考虑到实践中作品使用方式等不同，不宜对收费标准采取单一的固定化的界定，而是可以根据情况对收费标准在一定区间内进行适当的浮动性操作。[4]

（二）收费标准参考因素的选择与运用

与我国各个集体管理组织确立收费标准的参考因素的内部规定相比，《条例》的上述规定显得简单而笼统。为制定更为合理的收费标准，一般应考虑以下几个因素。

---

[1] 对于“质”，主要应考虑所使用作品的重要性，如果作品在使用者所从事的活动中起主要作用，则制定较高的使用报酬率，否则应制定较低的使用报酬率。对于“量”，应考虑所使用的作品占全部使用行为的比例、使用的频率与密度等。除了考虑某一特定使用形态的使用量多寡而制定收费标准外，如果某一特定使用形态中，不同使用人的使用量差异很大，也可以根据使用量的多寡而制定不同的收费等级，使收费标准准确反映实际使用情况。

[2] 该条规定：“著作权集体管理组织应当根据下列因素制定使用费收取标准：（一）使用作品、录音录像制品等的时间、方式和地域范围；（二）权利的种类；（三）订立许可使用合同和收取使用费工作的繁简程度。”

[3] 卢海君：论市场导向的著作权集体管理，电子知识产权，2007 年第 3 期。

[4] 张心全：从 TCL 与音著协纠纷案看我国的著作权集体管理，中国版权，2004 年第 2 期。

1. 对作品的依赖程度

此项因素因最能反映作品使用对价值创造的作用而在所有需要参考的因素中占据首要位置。一般而言，使用者对作品的使用可以分为应用性使用和增值性使用。应用性使用一般是指使用者为营造某种氛围而对作品的简单使用，并不直接产生经济效益。如商家以播放背景音乐的方式使用作品，该使用并不产生直接的经济效益，因此，收费标准往往是固定数额，其高低通常与使用者规模（如场所客容量）相关联。增值性使用则是指使用者以获取更多的经济利益，即利润为目的而使用作品的方式，因此，该使用与使用者的盈利状况相关。如图书出版、网络视听作品下载等，收费标准往往依据使用者收入乘以固定的版税率来确定，同时设有保底费用。

2. 行业规模和盈利情况

此项因素直接决定了作品使用者对作品使用费的承受度。虽然使用费的收取与使用者是否具有营利目的并无直接关联，并且与使用者的盈亏亦无关系，但是制定收费标准时必须考虑使用者所处行业的整体情况。同时，应当以使用作品在经济上的获益为估算基础，例如将使用费的基数定为使用者的毛收入或净收入，综合考虑以经营成本为最低标准，以利润分成为一般标准。如果收费标准与该行业的盈利状况不相匹配，超出该行业的承受能力，无疑是不合理的。

3. 发放许可和收取费用操作的繁简程度

从操作的繁简程度考虑，简明的操作更有利于使用者获得使用许可。如果收费标准过于繁杂，导致中间的计算及操作环节过多，手续办理不便，不仅加大集体管理组织的运营成本，也会加重使用者的负担。例如，一揽子收费方式在音乐作品使用上的运用，不以作品的实际使用情况为依据收费，而是按照可测算的标准统一收费，商场等按照营业面积收费、宾馆按照床位收费等形式。

4. 市场环境和消费指数

收费标准应当随着不断变换的市场环境灵活调整，否则将损害权利人或者使用者的利益。集体管理组织应当考虑在制定收费标准时，设计相应的调节功能以适应不断变化的市场环境。而将收费标准与消费指数相关联，主要是考虑终端使用者对于收费标准的承受力和接受度。

5. 国际惯例

集体管理制度在其发展历程中的成熟规则与做法，经过了多个国家或地区的实践检验而成为惯例，对于我国集体管理组织同样具有借鉴与指导意义。同时，还应考虑如何将其与国内实际情况接轨，特别是收费金额的确定应当比照各自的整体经济发展水平。

五、使用费的收取方式

著作权的市场价值天然地具有不确定性且无法预见，因而必须通过市场使用中的体现来衡量其价值。对于使用费的收取也应当遵循这一规律，采取适当的收取方式，尽可能缩小使用费数额与著作权市场价值之间的差距。

（一）收取使用费的一般做法

1. 对三种方案的利弊分析

在向使用者收取使用费方面，通常有三种方案可供集体管理组织选择：比例付酬制、一揽子付酬制与混合付酬制。❶ 比例付酬制，一般是指根据使用者收入的一定比例收取使用费，其前提在于能够确定使用者的收入基数。一揽子付酬制，一般是指以一个事先确定的固定数额一次性收取或阶段性分期收取使用费，而不再单独考虑使用次数等因素。混合付酬制即比例收费制与一揽子收费制的混合，既可以表现为先确定一个固定数额，再以使用者的其他收益按比例提成；也可以表现为原则上采取比例制向使用者收取使用费，但同时确定一个最低限额。不难看出，混合付酬制仅仅是比例付酬制的改进方案，本质上仍属于比例付酬制。

比较上述三种方案不难看出，比例付酬制能够较为准确地反映作品实际使用情况，但难点在于使用者收入基数的确定以及对作品实际使用情况的监

❶ ［西］德利娅·利普希克：著作权与邻接权，联合国教科文组织中译本，中国对外翻译出版公司，2000 年，第 348-349 页。

控与统计。一揽子付酬制依据集体管理组织与使用者关于作品使用的获利预期，进而确定一个固定数额，虽然极大地简化和便利了使用费的收取，却往往难以真实反映作品使用情况，因为即使在最好的环境下，对于获利情况的预测也从来不是一件容易的事。[1] 混合付酬制则在一定程度上克服了上述两种方式的弊端，“只要这些机构的管理得以加强，它们就会放弃（价格固定的）一揽子付酬制而转向与使用作品所得的收入挂钩的（按百分比计算的）比例付酬制（规定的付酬制经常是混合制，也就是说在执行比例制的同时规定由传播人支付最低报酬，即使实行比例制后获得的金额更低）”[2]。在集体管理制度中采取混合付酬制，使用费的数额主要取决于作品在商业化过程中的使用及其成功程度，帮助集体管理组织和使用者双方均免于承担事先猜测市场价值的风险，[3] 或者将风险预测失误所可能带来的损失降到最低，因而比单纯的比例付酬制和一揽子付酬制更具有吸引力。更为重要的是，混合付酬制在平衡权利人与使用者利益方面效果显著。具体而言，混合付酬制在反映使用者对其使用作品所应支付对价的真实意愿的同时，有助于保证作品的收益与其权利人的贡献成正比，为权利人提供一种最恰当的激励机制，即力图在最低限额使用费的保障基础之上，追求更高的费用收益，这对保障权利人的利益最大化无疑是最为有效的。

2. 实例解析——以《广播电台电视台播放录音制品支付报酬暂行办法》为例[4]

《暂行办法》在对广播电台、电视台播放录音制品支付报酬方式方面，

---

[1] 陈凤兰：版权许可基础，中央编译出版社，2011 年，第 63 页。

[2] ［西］德利娅·利普希克：著作权与邻接权，联合国教科文组织中译本，中国对外翻译出版公司，2000 年，第 347 页。

[3] ［美］Jay Dratler，Jr.：知识产权许可（上），王春燕等译，清华大学出版社，2003 年，第 283 页。

[4] 《广播电台电视台播放录音制品支付报酬暂行办法》（以下简称为《暂行办法》）经 2009 年 5 月 6 日国务院第 62 次常务会议通过，以国务院第 566 号令的形式公布，自 2010 年 1 月 1 日起施行，对广播电台电视台播放录音制品支付报酬的权利义务主体、报酬标准、计算方法、支付程序等作出了详细的规定。

采取了一揽子付酬制和混合付酬制相结合的做法。❶ 显然，“支付固定数额的报酬”即属于一揽子付酬制的方式。而其他两种可供选择的方案则属于混合付酬制的方式，并以五年为界，详细规定了计算付酬标准所适用的比例。具体标准如下：

第一，以上述第4条第（一）项规定方式确定向著作权人支付报酬数额的：①自该办法施行之日起5年内，播放录音制品的时间占本台或者本频道（频率）播放节目总时间的比例不足1%的、1%以上不足3%的、3%以上不足6%的、6%以上10%以下的、超过10%不足30%的、30%以上不足50%的、50%以上不足80%的、80%以上的，其付酬标准分别为0.01%、0.02%、0.09%~0.15%、0.24%~0.4%、0.5%、0.6%、0.7%和0.8%。②自该办法施行届满5年之日起，播放时间比例不足1%的、1%以上不足3%的、3%以上不足6%的、6%以上10%以下的、超过10%不足30%的、30%以上不足50%的、50%以上不足80%的、80%以上的，则分别按照0.02%、0.03%、0.12%~0.2%、0.3%~0.5%、0.6%、0.7%、0.8%、0.9%的付酬标准协商支付报酬的数额。

第二，以上述第4条第（二）项规定方式确定向著作权人支付报酬数额的，按照下列付酬标准协商支付报酬的数额：①广播电台的单位时间付酬标准为每分钟0.30元；②电视台的单位时间付酬标准自本办法施行之日起5年内为每分钟1.50元，自本办法施行届满5年之日起为每分钟2元。

除此之外，为了更好地掌握作品使用情况，集体管理组织一般要求使用者提供详细的使用清单，据此核实付款数额是否准确，并将其作为向权利人

---

❶ 《暂行办法》第4条规定：“广播电台、电视台播放录音制品，可以与管理相关权利的著作权集体管理组织约定每年向著作权人支付固定数额的报酬；没有就固定数额进行约定或者约定不成的，广播电台、电视台与管理相关权利的著作权集体管理组织可以以下列方式之一为基础，协商向著作权人支付报酬：（一）以本台或者本台各频道（频率）本年度广告收入扣除15%成本费用后的余额，乘以本办法第五条或者第六条规定的付酬标准，计算支付报酬的数额；（二）以本台本年度播放录音制品的时间总量，乘以本办法第七条规定的单位时间付酬标准，计算支付报酬的数额。”

分配所收取钱款的基本依据。[1]《条例》对该问题并未涉及，《暂行办法》第12条对此作出了相应规定。[2] 为了增强该类规定的可操作性，应当进一步明确如果使用者未按要求提供使用清单或者提供使用清单严重失实的，集体管理组织有权终止相关的许可使用合同。

（二）统一收费制度的进一步完善[3]

从建立集体管理制度的目的来看，不仅要方便权利人行使权利，也要为使用者使用作品提供便利条件。科技进步促使作品形式日趋多样化，使用者对作品的使用往往不再局限于一件作品或者一种类型的作品，如一部多媒体作品可能涉及文字作品、音乐作品、摄影作品等类型的作品；网络服务商使用的作品类型可能更多、更为复杂。因此，涉及不同集体管理组织的作品使用情形日益增多且愈加难以避免。为了减少使用者与多个集体管理组织逐一接触、谈判的成本，统一收费制度应运而生。[4] 但是，限于当时集体管理制度尚处于起步阶段并且仅存在一个集体管理组织，《条例》并未建立强制性统一收费制度，而是以“可以”之表述供当事人选择，以导向性立法的方式鼓励集体管理组织采取统一收费的办法。

实践当中，统一收费制度确实起到了不错的效果。如在卡拉 OK 著作权使用费收取工作当中，音集协即通过与音著协协商，根据《条例》有关统一收费的规定，两个协会共同制定收费标准并报国家版权局公告，由音著协委

---

[1] 杨志军、钟瑞栋：背景音乐收费制度与著作权法利益平衡精神，山西大学学报（哲学社会科学版），2003 年第 3 期。

[2] 该条规定：“广播电台、电视台通过著作权集体管理组织向著作权人支付报酬时，应当提供其播放作品的名称、著作权人姓名或者名称、播放时间等情况，双方已有约定的除外。”

[3] 统一收费制度与近年来出现的“单一窗口”制度虽然目的一致，但是二者在具体运作形式上却存在明显差异。所谓“单一窗口”制度，是指由多个单独的集体管理组织共同成立的一个联盟，提供单一集中授权来源。显然，“单一窗口”制度在现有集体管理组织基础之上成立了一个联盟性质的新的组织，难免造成联盟组织与各集体管理组织之间管理或授权事务的重合与交叉。而统一收费制度并不新增集体管理性质的组织，而是对现有集体管理组织的更为高效的利用方式。两相比较，统一收费制度在运作效率上更具有优势。

[4] 《条例》第 26 条规定：“两个或者两个以上著作权集体管理组织就同一使用方式向同一使用者收取使用费，可以事先协商确定由其中一个著作权集体管理组织统一收取。统一收取的使用费在有关著作权集体管理组织之间经协商分配。”

托音集协统一收取卡拉 OK 歌厅著作权使用费，然后由音集协按照两个协会约定的比例向音著协分配，再由两个协会按照各自的分配规则向会员进行分配。[1] 显然，这一做法既方便了使用者获得授权，避免重复收费，也维护了权利人的财产利益。

但是，个案的成功并不意味着《条例》所确立的统一收费制度毫无瑕疵，尤其是选择性而非强制性的统一收费制度，往往使得涉身其中的集体管理组织从自身利益出发，罔顾《条例》规定分别向使用者收取使用费。使用者则因面临重复收费而增加了其对集体管理组织的反感或抵触情绪。有鉴于此，《著作权法》（修改草案）送审稿在总结统一收费制度经验的基础上，于其第 65 条规定："两个以上著作权集体管理组织就同一使用方式向同一使用者收取使用费的，应当共同制定统一的使用费标准，并且协商确定由一个著作权集体管理组织统一收取使用费。收取的使用费应当在相应的著作权集体管理组织之间合理分配。"实现了统一收费制度由选择性向强制性模式的转变。

对于集体管理组织而言，针对不同作品分别收费是以管理成本的提高及使用者使用成本的增加为代价的，而统一收费不仅不影响其正常业务的开展，而且可以节约上述成本。更为重要的是，强制性统一收费模式必将促使各个集体管理组织摆脱局部利益的狭小空间，积极开展而非排斥相互之间的协商与合作，从促进作品传播与使用，推进文化产业发展和社会公共利益的高度，认识统一收费制度的优越性，在顺应集体管理制度发展趋势的同时，既扩展了权利人作品的使用空间和范围，也便利了使用者使用不同类型作品的利益需求。

需要指出的是，如果两个以上集体管理组织无法就使用费标准、收费主体及使用费分配比例等达成一致，修改草案对此并未明确规定解决办法，使得该条的制度设计很有可能成为一纸空文。为避免收费工作因上述原因久拖不决所可能造成的对作品使用的不利影响，修改草案应当补充规定，此时应

[1] 马继超：中国的音像著作权集体管理，中国专利与商标，2009 年第 2 期。

当由著作权行政主管机关介入，针对不同情形作出不同处理。如，在听取权利人与使用者等意见的基础上确定相关使用费标准；直接指定明确的收费主体负责使用费收取工作的执行；在听取各个集体管理组织意见的基础上明确使用费的分配比例。

六、特殊的收费制度设计——“暂付款”及“单曲收费”

收费过程涉及的问题复杂多变，尽管有基本的收费办法可以遵循，但对于特殊情形下的费用收取，仍需设计与之相适应的收费制度，以满足不同的需要。

（一）暂付款

当集体管理组织与使用者就使用费数额及交纳与否等问题发生争议时：一方面，一律禁止使用者使用作品的处理方式显得过于简单和武断；另一方面，放任使用者继续使用由该集体管理组织所管理的作品即面临合法性困扰。针对该种困局所创设的暂付款，即一个暂定的支付金额，表面上虽然是一种收费方式，实质上却是一种针对使用者的免责制度设计，即在相关争议解决之前，要求使用者按照暂定的收费标准交纳使用费，以此作为免除其侵权责任，继续合法使用作品的依据，而集体管理组织仍然保留使用费上的民事请求权。此时交纳的所谓使用费即为“暂付款”。[1] 应该说，“暂付款”制度让使用者摆脱使用费争议而可先行付款使用，待日后确定使用报酬后再予以调整，既考虑了使用者对作品的使用需求，又维护了权利人的合法权益，有利于缓和集体管理组织与使用者之间的紧张对立关系，无疑是在利益平衡理念下较为合理的制度设计。

《条例》及《著作权法》修改草案对于暂付款制度均未规定，参考我国台湾地区“著作权集体管理团体条例”的有关规定，可以在我国的集体管理

[1] 德国《集体管理组织法》第 11 条“强制签约”第 2 款亦作了类似规定：如果就授予利用权的报酬标准未达成协议，利用人按照其接受的数额向集体管理组织交付了报酬，并且虽有保留，但是按照集体管理组织要求支付了超出的数额，或者做了有利于集体管理组织的交存的，利用权视为已授予。《十二国著作权法》翻译组译：十二国著作权法，清华大学出版社，2011 年，第 207 页。

制度完善中就“暂付款”问题作出如下规定：

1. 暂付款数额的确定

①如果集体管理组织与使用者是就变更后的收费标准发生争议，则于争议解决之前，由使用者依照变更前的收费标准或双方协商约定的数额交纳暂付款。

②如果发生争议的收费标准系集体管理组织首次制定的，即无之前的收费标准可供参考，则使用者可以请求著作权行政主管机关核定暂付款数额，后者核定后应在相关媒介上予以公示，对所有相同的使用作品的情形均一体适用，既可保证暂付款适用上的一致性，又可免除不同使用者重复申请核定暂付款数额的烦冗。

③如果集体管理组织无正当理由拒绝制定收费标准，则使用者亦有权请求著作权行政主管机关核定暂付款数额，以此免除合法使用者可能承担的侵权责任，并可从社会责任的角度对集体管理组织加以惩罚和规制。

2. 交纳暂付款的法律效力

①使用者交纳暂付款即可认定其不具有侵犯著作权的主观故意，但集体管理组织针对作品使用费的民事请求权并不因此而消灭，特别是在最终确定的使用费数额高于暂付款数额的场合。

②如果使用者交纳使用费时声明保留异议，则可以在事后以协商、诉讼等方式确定最终应交纳的使用费数额。

3. 暂付款基础上的数额调整

①待有关收费标准的争议解决之后，应当按照争议处理结果遵循多退少补的原则调整暂付款的数额。

②如果相关收费标准之争议处理申请被驳回的，则应当按照集体管理组织确定的标准多退少补。

③如果双方就支付的使用费金额另有约定的，应从其约定。

④如果认定集体管理组织的收费标准违反法律规定或者欠缺法律依据而不予实施的，则应由集体管理组织退还所收暂付款，且不得以合同约定为由予以拒绝。

(二) 单曲收费

1. 单曲收费并非新的收费方式

一般而言，集体管理组织向使用者授权使用作品可以采取个别授权与概括授权两种方式，二者的区别主要在于是否将所使用的作品特定化。对于绝大多数的概括授权（或称一般概括授权）而言，使用者以支付一笔金额固定的费用或者事先确定的一定比例的费用为对价，即可无限次地使用集体管理组织所管理的不特定的全部作品，省却逐一清点作品使用情况的烦琐程序，故该种方式对于集体管理组织和使用者而言较为便利且成本最低，成为实践中最为常见的授权方式。但是，一般概括授权模式下的收费标准，要么按照收入的一定百分比，要么按照营业场所面积、座位数、设备台数等为依据计算出一定的金额，❶ 并不一定能够准确反映出使用者实际使用的情形。而个别授权则是针对使用特定作品而言的，其所应支付的费用可能是一次使用，也可能是多次使用，但均需要集体管理组织监测和统计特定作品的使用情况作为收费依据，如此烦琐的程序必然带来收费成本的增加。

所谓“单曲收费”，是指在集体管理模式下，使用者使用一次任何单一作品时所应支付的费用。也就是说，对于使用者按照每曲每次的收费标准，加之实际使用的总次数计算使用费。显然，与个别授权相比，由于二者均是针对个别作品的使用，因而存在一定的相似度。但是，个别授权针对使用特定作品，而单曲收费则是针对使用不特定作品，因此，“单曲收费”实际上是依据使用次数计费的，虽然不必逐一监测每一部特定作品的使用情况，但需要对不特定作品的使用总量作出相应的统计。为达到这一目的，集体管理组织应考虑在与使用者的授权合同中明确约定，如使用者不能提供作品使用清单或者所提供清单的错误率达到一定比例以上的，即不得选择适用单曲收费方式。

总之，基于“单曲收费”所对应的是不特定作品的使用这一特征，其并

---

❶ 如我国卡拉 OK 经营行业即以经营场所的终端为单位，支付音乐作品、音乐电视作品版权使用费。

非新的收费方式，仍然属于概括授权的一种收费方式，❶ 其主要目的即在于使集体管理组织的收费能够尽可能准确地反映使用者的实际使用情况。从某种意义上讲，“单曲收费”是介于概括授权与个别授权之间的一种较为特殊的收费方式。

2. “单曲收费”的特殊价值与功能

在传统的一般概括授权与个别授权基础上强制引入“单曲收费”制度，并无将授权与收费工作复杂化的意图，而是因为单曲收费制度有其特殊的价值与功能，可以在完善我国集体管理制度中加以借鉴。

第一，有助于使用者自由选择收费模式。尽管从成本及便利度的角度考虑，使用者在面对一般概况授权与单曲收费模式时，仍以前者作为首选，但是，“单曲收费”作为备选项，毕竟为使用者提供了更多的选择余地，客观上对一般概括授权形成了一定的制约，使得集体管理组织不至于在一般概括授权中约定对使用者而言显失公平的收费标准。

第二，有助于权利人与使用者检验收费标准的合理性。“单曲收费”作为在概括授权方式下的一种计费选择，借助“单曲收费”合同，权利人与使用者均可以比较、评估和检验在一般概括授权条件下所确定的使用费是否合理，尤其是是否存在使用费过高或过低的不合理状况。具体而言，权利人从“单曲收费”合同条款中，可以评估自己从集体管理组织所获得分配之使用费，是否与实际使用情况相接近；亦可作为选择或者约定个别授权收费标准的参考。而使用者则在必要时，可以“单曲收费”方式规避一般概括授权中的不合理使用费。

第三节 利益的最终实现——使用费的分配

集体管理制度设立的主要目的之一在于帮助权利人有效实现著作财产权，

---

❶ 我国台湾地区“著作权集体管理团体条例”第 24 条第 2 项在集体管理团体订定使用报酬率方面规定：“如为概括授权者，应订定下列计费模式，供利用人选择：一、一定金额或比率。二、单一著作单次使用之金额 ”。此处“单一著作单次使用之金额”，即“单曲收费”。

甚至在某种程度上讲，权利人的权利在集体管理制度中已经被压缩为单纯的获得报酬权，并最终表现于集体管理组织将收取的作品使用费在权利人之间予以分配。因此，只有集体管理组织分配的使用费高于由权利人自行行使权利所获得的收益，方能形成对权利人的持续吸引力。这是权利人是否愿意将自己的有关权利交由集体管理组织行使的关键，也是权利人与集体管理组织的利益得以最终落实的体现。而在集体管理实践中，使用费的分配往往成为权利人乃至社会公众质疑和非难集体管理组织的焦点。如何从利益平衡的角度认识和处理使用费分配问题，不仅关乎权利人对集体管理组织的认可度，更关乎集体管理制度本身在我国的发展前景。

一、使用费的分配比收取似乎更引人关注——基于利益平衡的视角

使用费的分配是一件非常复杂的工作，“根据经验，版权的权利集体管理机构往往在收钱上要比分钱上做得更好”❶。总的来讲，使用费分配应根据作品的实际使用情况在扣除章程规定的管理费用后全部分配给权利人。❷ 据此，由集体管理组织收取的使用费大致分为两部分，一部分作为集体管理组织的管理费，其余的全部作为权利人著作财产权的变现形式分配给权利人。在使用费总额确定的前提下，管理费与权利人所得必然呈现出此消彼长的格局，管理费所占比例越大，权利人所得比例必然减少。此种情形下的使用费分配，对于集体管理组织而言，既要维持其日常运行的必要开支，又要承认其一定程度上的营利性，促使其为作品的传播和利用提供更好的服务。而对于权利人而言，则要使其从集体管理组织所获收益中得到足够的利益激励，促使其创作出更多、更好的作品。虽然在判断集体管理组织与权利人是否实现“各得其所”时，不能简单地以所得收益的多与寡来衡量，但不可否认的是，所得收益确实是一种最为直接和有效的激励机制，随之而来的，恰恰是

❶ 吴伟光：数字技术环境下的版权法危机与对策，知识产权出版社，2008 年，第 241 页。

❷ 《条例》第 29 条规定：“著作权集体管理组织收取的使用费，在提取管理费后，应当全部转付给权利人，不得挪作他用。”

不容回避的利益冲突。正因如此，更应以利益平衡的理念指导使用费的分配，使得集体管理组织和权利人在各自所可能接受的程度上实现分配上的公平。

二、使用费分配的原则及具体模式

受制于作品使用信息的不完备性等因素，使用费的分配模式与其说是法理上可以探讨的问题，倒不如说是一个实践经验的操作问题。❶ 对此，立法尽管没有必要也没有可能穷尽使用费分配所应参考的所有因素，但应当确立一定的原则，以尽量缩小权利人的实际分配所得与其预期所得之间的差距。例如，瑞士《著作权法》对集体管理组织分配使用费即确立了三项原则：①集体管理组织应当根据各个作品和表演的收益比例来分配收入，他们应尽可能去确认有权获得报酬的所有权利人；②收入应当分配给原权利人和其他权利人，且保证作者和表演者获得公平合理的收入。分配所需的花费无法估计的，应当允许进行不同的分配；③原权利人和第三方之间签订的合同协议优先于前面的分配原则。❷ 德国《集体管理组织法》第 7 条"收入之分配"亦规定："集体管理组织应当按照固定规则（分配计划）分配从营业中得到的收入，排除那种任意分配的做法。分配计划所遵循的原则是促进文化上杰出的著作和贡献。分配计划的原则必须在集体管理组织的章程中阐明。"❸

由于使用费分配在实践操作中的复杂性，各国均没有完全成熟的经验做法使得分配达到绝对的公正、准确及合理，但是选定的分配方法应为广大会员所普遍接受。大致而言，使用费的分配大致有三种基本的方法：①以全面的信息为依据的直接分配方法；②以抽样的信息为依据的方法；③以代替性的或假设的信息为依据的间接方法。❹ 显然，最为理想的使用费分配模式应当是以全面的信息为依据的直接分配方法，其往往依据使用者提供的准确而

---

❶ 蒋万来：论我国著作权集体管理制度的完善，电子知识产权，2003 年第 11 期。

❷ 全国人大常委会法制工作委员会民法室：《中华人民共和国著作权法》修改立法资料选，法律出版社，2002 年，第 357 页。

❸ 《十二国著作权法》翻译组译：十二国著作权法，清华大学出版社，2011 年，第 206 页。

❹ ［西］德利娅·利普希克：著作权与邻接权，联合国教科文组织中译本，中国对外翻译出版公司，2000 年，第 352-355 页。

完整的作品使用清单，在一一核实每一部作品实际使用情况（包括使用时间、使用次数、使用范围等）的基础上，依据事先确定的标准予以分配。[1]但是，限于监控作品使用情况的困难程度，这一模式只能适用于可以明确查对的使用许可，例如授权与付费均为一次性的图书出版、现场表演等。而在其他作品许可使用的场合，这一模式几乎没有适用的可能。

而在机械表演权及广播权等场合，由于其采用一揽子许可的授权方式，加之使用者需要使用的作品数量大，无法准确统计作品使用的具体信息，则只能选择以抽样的信息，或者代替性的或假设的信息为依据的间接方法进行使用费的分配。当然，为了尽可能缩小预期收益与实际收益之间的差距，还应当参考相同行业中类似作品的使用费数额，并对预期市场、预期收益及预期成本等作出通盘考虑。

三、对集体管理组织“管理费”的反思

在传统的“一对一”作品许可使用模式之下，权利人采用直接向使用者收取使用费的方式，基本上可以完全获得著作权所可能带来的经济收益。而在集体管理模式下，集体管理组织往往以“管理费”的名义从其收取的使用费中扣除一部分。可以说，“管理费”实际上是权利人将其权利授权集体管理组织行使所必须支付的对价，在一定程度上挤占了权利人的获利空间，对权利人而言是一项行使权利的额外成本支出。因此，“管理费”数额的多少因直接影响权利人的利益而备受权利人甚至其他利益主体的关注，而对该项成本的控制水平也是判断集体管理组织工作效率的直观因素。

（一）“管理费”所面临的各方质疑

从收取的使用费中扣除一定比例的数额作为管理费用，以维持集体管理组织的正常运作，是各国集体管理制度的通行做法。一般认为，该费用大致

[1] 如音乐作品使用费的分配程序，一般是先将播放的总时间转换成一定的点数（或份额），每一点数折合一定数量的金额，然后依据节目清单上所记载的播放曲目、播放的时间（次数）计算出每一个曲目的点数，最后将每一曲目所应得的金额分发给权利人。杨志军、钟瑞栋：背景音乐收费制度与著作权法利益平衡精神，山西大学学报（哲学社会科学版），2003 年第 3 期。

包括日常办公固定支出、员工薪酬、办公用品等直接费用与游说政府、开展诉讼等间接费用。[1]《条例》第 28 条对此亦作出了规定。[2] 该条规定是集体管理组织从收取的使用费中提取所谓的“管理费”的基本依据。但是，“一定比例”的模糊表述，使得管理费的收取实际上脱离了立法的约束和行政机关的监督，某种程度上成为集体管理组织自行任意决定的事项。

依国际惯例，集体管理组织一般从收取的报酬中扣除 10%～30%作为管理费用。具体而言，如果管理费占表演及广播权利收入的 30%，或是复制权收入的 25%以内，则可被认为达成经济而有效率的集体管理制度。[3] 从各国集体管理实践来看，如德国美术作品集体管理机构，向著作权人收取 10%的行政费用，15%用于扶持青年艺术家的社会文化基金，剩余 75%归著作权人。2012 年，挪威复制权协会的收入接近 3600 万欧元，而管理费只占约 12.2%。[4] 在我国，音著协在收取的报酬中，20%用于协会的日常开支，80%归著作权人。中国电影著作权协会（以下简称为“影著协”）则承诺“将把实收费用的 10%作为管理费，剩下的 90%都会直接分给会员单位权利人，对于代非会员单位权利人收取的著作权使用费，协会将会把实收费用的 15%作为管理费”[5]。但是，音集协曾在 2008 年开展的卡拉 OK 版权费收取工作中提取了 50%的管理费，其理由是开展著作权集体管理工作初期收费总额较少、投入成本较高，50%是其应得的最低比例；并表示随着使用费收入的增加、正常缴费机制的建立，提取比例会逐步降低。[6] 虽然收取的作品使用费总额越少，运营成本的分摊就越高，音集协的上述解释带有一定的合理性，但是

---

[1] David Sinacore - Guinn: Collective Administration of Copyrights and Neighboring Rights: International Practices, Procedures, and Organizations, Boston: Little, Brown and Company, 1993, 827。

[2] 该条规定：“著作权集体管理组织可以从收取的使用费中提取一定比例作为管理费，用于维持其正常的业务活动。著作权集体管理组织提取管理费的比例应当随着使用费收入的增加而逐步降低。”

[3] Ulrich Uchtenhagen: The Setting-up of Copyright Societies: Some Experiences and Reflexions, Geneva: WIPO Pub. No. 926（E）, May 2005, 7。

[4] 窦新颖：借他山之石攻“著作权集体管理”之玉（上），中国知识产权报，2012 年 12 月 7 日，第 10 版。

[5] 殷泓、路倩雯：电影版权收费之惑，光明日报，2011 年 7 月 28 日，第 15 版。

[6] 赖名芳：音集协就媒体四大质疑作出回应，中国新闻出版报，2009 年 5 月 15 日，第 1 版。

并未平息争论，公众和权利人对该组织的管理效率仍然心存疑虑。

（二）消除各方质疑的途径

首先，从《条例》规定来看，对于“一定比例”的认定仅仅局限于“维持其正常的业务活动”，除此之外再无具体和可操作性的标准，更无相应的限制条件。从权利人利益最大化的角度出发，确定管理费的“一定比例”应当考虑以下几点：第一，集体管理较之个人管理的最大优势在于交易成本的降低，因此，管理费作为权利人行使权利的额外成本，其最终数额必须小于权利人个人行使权利所可能承担的搜寻信息、谈判等成本，否则，集体管理的优势根本无从显现。第二，优先满足权利人的利益需求，在《条例》已有的规定集体管理组织“应记录向各权利人转付使用费的具体数额”的基础上，进一步明确和严格执行分配办法。第三，在《条例》已规定使用者应上报使用作品的名称、数量等的基础上，将上述数据与权利人的收入相挂钩，以增加权利人所获收益的准确性为切入点实现管理费比例的科学性。

其次，增强使用费分配的财务透明度是消除各方质疑的有效途径。集体管理组织应将使用费数额、收取使用费成本、管理费数额及其比例、管理费的使用情况等信息，通过适当的渠道向权利人及社会公众公开，以提升自身的公信度。事实上，目前各集体管理组织正在积极进行这方面的尝试。如，中国文字著作权协会（以下简称为“文著协”）通过博客、协会网站等途径向社会公布收取的使用费情况，并征集作者的联系方式以实现使用费分配。中国摄影著作权协会（以下简称为“摄著协”）也正在为分配使用费建立网络公告平台，让更多的权利人获得其作品被使用的信息。

最后，承认集体管理组织的营利性是消除各方质疑的关键。如前文所述，集体管理组织应当更多地充当著作权交易服务者的角色，基于此，集体管理组织从使用费中提取一定比例作为提供服务的报酬，即属名正言顺之事，自可消除各方对于所谓“管理费”的质疑。

四、特殊情形下使用费的分配

（一）著作权归属不明作品的使用费分配

现实生活当中，有些作品由于作者采取匿名，或者难以查证的笔名、艺名、别名等原因，导致其著作权归属不明，对该部分作品的使用费应如何分配，现有法律法规并无明确规定。为了切实保护权利人的合法权益，同时保证作品的正常使用，可以考虑由集体管理组织对该类作品予以公告，并规定主张权利的合理期限，针对可能出现的不同情形作出相应的处理：①如果有人主张对该类作品的著作权，必须要求其出具能够证明其为权利人的相关证据，经查证属实的，即可向其分配所收取的使用费。②如果有多人均主张对该类作品的著作权，由于集体管理组织并无权力作出具有法律约束力的认定，因此应当先以仲裁、诉讼等方式对权利归属进行确认。③如果无人主张对该类作品的著作权，根据《中国音乐著作权协会章程》第 38 条规定："协会收取的著作权使用费，由于非协会的原因三年内不能分配的，归入协会依法设立的基金。"这一规定更多地从公共利益的角度考虑，为解决上述问题提供了有益的启示。

（二）使用费收取之后可能出现的退还问题

如果作品已超过著作财产权的保护期限，则无须就使用作品收取使用费。如果权利人自愿放弃收取使用费的权利，集体管理组织亦丧失相应的权利。在上述情况下，如果集体管理组织已经收取使用费，则需要将其再返还给使用者。

第五章　务实的选择——垄断模式在利益博弈中的胜出

从世界各国集体管理模式来看，呈现出垄断模式和竞争模式并存的局面。究竟哪一种模式更加合理，更能发挥集体管理的优势，更能实现集体管理所涉各方主体之间的利益平衡，并无确切的定论。应当遵循利益平衡的原则，探寻既符合著作权利用的一般原理，又适应我国国情的集体管理模式。

第一节　利益平衡视角下对垄断模式与竞争模式的利弊分析

从国外集体管理实践来看，集体管理组织的设立方式主要有以下几种：一是设立一家综合性的集体管理组织，对法律规定的作品或者权利进行集体管理，如意大利、比利时、以色列、乌拉圭和委内瑞拉等国。二是根据作品或者权利的种类，分别设立若干家集体管理组织，同一作品或者权利种类只设立一家集体管理组织，如日本、瑞士、西班牙、阿根廷、墨西哥、法国等。三是少数国家允许就管理相同的作品和权利，设立多个集体管理组织，如美国、加拿大、巴西等。[1] 基于不同原因对集体管理模式所作的不同选择，在丰富集体管理实践的同时，也面临着各自不同的问题与困境。从利益平衡的视角分析不同模式的利弊，有利于在模式选择上作出正确的取舍。

---

[1] 金武卫：《著作权集体管理条例》主要问题评述，电子知识产权，2005 年第 2 期。

一、垄断模式更有利于实现利益的最大化

大陆法系国家的集体管理更多地采取垄断模式，通过立法赋予集体管理组织垄断地位，明确其设立条件、运行规则等，并通过有关部门的监督加以严格的控制。

（一）垄断模式下的规模效应

所谓规模效应，一般是指企业生产同一种商品时，伴随生产规模的扩大，由于固定成本长期平均分摊，以及经验积累和技术改善等原因，使得单位费用不断递减。集体管理制度证明其自身存续和发展的必要性，很大程度上取决于将其本质上所具有的集中资源的优势，在垄断模式下充分显现出规模效应，以降低著作权交易成本。❶ 对于权利人而言，垄断性的集体管理组织几乎成为其许可作品使用的唯一渠道，在增加作品使用概率的同时，大大降低了权利人的授权成本，较好地满足了其利益需求。对于使用者而言，在某一特定领域仅存在一家集体管理组织，基于其垄断地位覆盖绝大多数的作品，使得使用者无须面对不同的权利管理人，避免多头联系所导致的无所适从，亦可大大节约交易成本。❷

世界各国数十年的实践经验证明，只有成功地将某一方面作品的使用权加以控制，其管理才能成功。❸ 而对作品最为有效的控制无疑就是对作品使用许可的垄断。可以说，集中获得一定规模的权利人授权并垄断性地再行授权使用，不仅是集体管理组织向权利人展现其在与使用者协商使用费、有效监督作品使用情况等方面优势的必要条件，也是其向使用者证明其较强的代

---

❶ “在这一方面，事实已经清楚地表明，当涉及某些特定的权利时，集体管理的许多基本好处只能由一个单一组织才能获得（发放使用许可的便利和司法安全、准许凭一项合同使用全部世界目录的可能性、大幅降低管理费用等），并且因此似乎能避免建立平行的组织，针对每一类别的权利仅设一个组织这种做法是明智的。”［西］德利娅·利普希克：著作权与邻接权，联合国教科文组织中译本，中国对外翻译出版公司，2000 年，第 335 页。

❷ 有学者指出，应对相同种类的作品设立多个著作权集体管理组织可能带来的对著作权使用人的不便，立法上可以借助登记和公示制度来解决。但是，这种登记制度本身事实上已经增加了作品使用的成本。卢海君：论市场导向的著作权集体管理，电子知识产权，2007 年第 3 期。

❸ 黄煜：试论集体管理在版权保护中的地位和作用，知识产权，1993 年第 3 期。

表性、可以有效减轻使用人侵权风险等方面优势的必要条件。总之，采取垄断模式的集体管理，有助于作品价值的充分释放，将对作品使用的收益提升到最大程度，满足利益最大化的要求。

（二）垄断模式下的利益过于集中

但也要看到，垄断性的集体管理组织，在与权利人或使用者的接触中始终处于优势地位，无论是在就获得授权而与权利人的谈判中，还是在就使用许可而与使用者的谈判中，均掌控绝对的主动权。因此，如果集体管理组织从接受权利人的授权，而必须维护其个人利益的角度出发，通过其运作所获利益会更多地向权利人集中。相反，如果集体管理组织从促进作品传播以服务公众的角度出发，利益的流向应趋于使用者。除此之外，如果集体管理组织过分追求自身利益，垄断地位无疑可以帮助其轻松地实现这一目标。总之，垄断模式下极易出现的利益偏好，使得集体管理组织在利益导向上往往出现偏差，交易成本降低等规模效应的显现只能停留在利益总量的最大化上，却难以均衡覆盖到各个利益主体，即在集体管理组织、权利人与使用者之间难以实现各得其所，相反，一方利益的增加往往建立在另一方利益减损的基础之上，进而危及利益均衡目标的实现。

二、竞争模式更有利于实现利益的均衡

英美法系国家多采取自由竞争的集体管理模式，遵循反垄断法关于不得限制竞争的规定，依据公司法或竞争法建立集体管理组织。竞争性的集体管理组织实施自律管理，往往只受反垄断法制约。例如，美国在音乐作品表演权领域，存在多个竞争性私营集体管理组织，美国作曲者作者出版者协会（ASCAP）和美国广播音乐版权协会（BMI）是其中最大的两家。

（一）竞争模式下的多元选择

竞争模式的集体管理为权利人和使用者提供了更多的选择余地。具体而言，在多个集体管理组织并存的情况下，权利人可以在相互比较的基础上，选择授权运营效率更高、回报更为丰厚的集体管理组织。同样，使用者在寻

求获得作品许可使用权时，也可以收费更为低廉、服务态度和质量更好等标准，在众多集体管理组织中加以选择，以利于节约作品使用成本。更为重要的是，多元化的选择空间，似乎更加契合著作权的私权属性，❶ 增加了权利人、使用者在实现权利和获取授权中的谈判砝码，为最大程度地实现其意思自由和选择自由提供了充足的前提条件，而集体管理制度中所产生的利益及其流向也因此更加趋于均衡。

（二）竞争模式下的利益不清及相对分散

从另外一个角度审视竞争模式的集体管理，垄断地位的缺失使得每个集体管理组织因所获授权有限，导致其代表性及权威性均不强，无法形成相应的规模效应，难以在实现利益最大化的前提下促进各方利益的增加。“通常，就同一种类权利来说，一个国家只应成立一个管理组织。在同一领域内有两个或两个以上的管理组织，可能会削弱集体管理权利的益处，甚至使其化为乌有。”❷ 具体而言，自由竞争环境为权利人和使用者所提供的较多选择，增大了机会成本的风险，弱化了权利人和使用者对集体管理组织的信任度与依赖度。除此之外，权利人往往向竞争模式下存在的多个集体管理组织重复授权，❸ 进而造成不同集体管理组织所管理权利的交叉重复。“之所以不能创建一种无法律上或事实上垄断的令人满意的集体管理，原因就在于当存在多家协会时，其职责界限就不可能很明确。……这些多元管理下不可避免的盲区是变化不定甚至是混乱的根源；经验表明：多元管理是导致问题不断产生的温床，它永远不能使著作权的管理在健康的氛围中得到发展。”❹ 显然，竞争

❶ 采用竞争模式的国家大多认为，针对同种作品设立多个著作权集体管理组织，不仅是经济发展的需要，也是宪法权利的保障。［德］雷炳德·M：著作权法，张恩民译，法律出版社，2005 年，第 565 页。

❷ 世界知识产权组织国际局：著作权和邻接权的集体管理的基本原则，国家版权局，著作权的管理和行使文论集，上海译文出版社，1995 年，第 32 页。

❸ 尽管有些国家对此种行为予以禁止，如巴西《著作权法》第 97 条规定：“作者和邻接权权利人不能同时加入多个对同一种类的权利进行集体管理的协会。”但类似的禁止性要求，却在很大程度上削减甚至抹杀了竞争模式集体管理制度的优势。

❹ ［西］德利娅·利普希克：著作权与邻接权，联合国教科文组织中译本，中国对外翻译出版公司，2000 年，第 339-340 页。

性的多个集体管理组织之间职责界限不清，使得使用者往往需要从多个集体管理组织重复获得作品使用的授权并重复交费，权利人所获取的利益也难以精确计量，无疑会降低作品的使用效率，徒增交易成本而削减利益总量，因此，竞争模式的集体管理未必是实现各方利益最大化的最佳途径。[1]

同时，每个集体管理组织均花费巨大的人力、物力和财力建立，并从事近似甚至完全相同的管理活动，在造成社会资源浪费的同时分散了既有利益总量，致使集体管理组织获取作品使用费降低和管理成本提高，进而导致权利人所获经济利益减少。更为严重的是，一方面，集体管理组织为吸引权利人的加入以获取尽可能多的授权，需要尽量提高使用费收取标准；另一方面，为吸引使用者申请获取其许可使用授权，则需要尽量压低使用费收取标准。竞争的压力往往将集体管理组织置于极为尴尬的境地，最终陷入恶性竞争的泥潭，竞相擅自抬高或降低作品使用费，不仅使权利人应得的经济收益处于不稳定状态，也为使用者拒绝交纳作品使用费提供口实，最终影响集体管理组织业务活动的正常开展甚至威胁其自身生存。

三、结论：两种模式均没有取代对方的绝对优势

不难看出，在集体管理制度模式问题上，既没有充分的理由支持垄断模式比竞争模式更为优越，同样，也难以找到支撑竞争模式比垄断模式更具优势的论据。到目前为止，国际社会并不存在关于两种各有侧重的集体管理模式何者更优越的一致性意见。[2] 也就是说，二者均没有取代对方的绝对优势。而各国集体管理制度的实践也呈现出不同的发展态势，既有从最初的竞争模式逐渐演变为事实上的垄断模式的实例，也不乏由严格限制的垄断模式演变为竞争模式的实例。

---

[1] 例如，美国尽管采用竞争模式的集体管理，但是，对于集体管理组织不作数量限制的设想，更多的只是停留在理论层面。实践中针对同一类型作品的集体管理组织往往只有两到三家，依然以在集体管理组织的竞争模式与规模效益之间取得相对平衡为旨趣而已。

[2] Daniel Gervais：Application of an Extend Collective Licensing Regime in Canada：Principles and Issues Related to Implementation，June 2003，24 – 26，http：//www. canadianheritage. gc. ca/progs/ac – ca/progs/ pda-cpb/pubs /regime/ regime_ e. pdf。

从利益平衡的视角来看，构建一种有利于实现成本与收益平衡、公平与效率平衡的集体管理模式，更多地取决于各国的历史传统、经济体制、法制传统与框架以及著作权发展状况等因素，而良好的社会与经济效益无疑是作出最终判断的决定性因素。无论是权利人还是使用者，自身利益最大化才是其最关心的问题。如果权利人和使用者均认识到某种模式的集体管理制度并不能有效地维护或满足其利益需求，那么，即使权利人交由集体管理组织行使著作权，或者使用者经由集体管理组织获得作品使用授权，均只不过是屈从于法律的强制性规定而已，并不能获得其真正的认可。相反，如果通过集体管理制度的运作能够实现在利益最大化基础上的利益均衡，则集体管理制度自身的模式选择似乎已变得不那么重要了。

第二节　垄断模式是我国集体管理制度比较务实的选择

如上所述，集体管理制度的竞争模式与垄断模式均无取代对方的绝对优势，因此，既不应当迷信竞争模式必然具有优越性，也不应当拘泥于垄断模式必然带来负面效果，而应通过实践检验，以利益平衡为基本出发点作出相应的选择。同时，应当摆脱纯粹的竞争模式或垄断模式的单向思维方式，在垄断模式中引入竞争因素，或是在竞争模式中保留垄断因素，尝试垄断因素与竞争因素的融合，在发挥各自优势的同时抑制彼此的弊端，构建最能发挥集体管理组织效用的模式。但无论如何，总是应当以一种模式为主。尽管对缺乏竞争的垄断模式的质疑和批评不断，[1] 然而以竞争模式替代当前垄断模

---

[1] 我国目前对集体管理组织垄断性的质疑主要集中在使用费收取问题上。如 2008 年底，律师董正伟向国家工商行政管理总局、国家发改委举报，请求对音集协向 KTV 行业收取版权费开展反垄断执法调查。国家发改委将举报转交北京市发改委调查，北京市发改委于 2009 年 4 月以电话通知的方式作出音集协对 KTV 收取版权费不构成价格垄断的结论，其理由为：一是 KTV 经营者对音乐作品的使用具有选择权；二是音集协与 KTV 经营者是通过签订协议收取版权费的，双方是具体的民事合同行为，公告的收费标准不具有强制性。中国音像著作权集体管理协会简报，2009 年第 1 期。http：//www. cavca. org。

式的集体管理也并无令人信服的充足理由。特别是“知识产权与反托拉斯法的关系不是一个简单的主题。各种与知识产权有关的法律规则的精确经济效果既难以从理论上予以估价，也难以从经验上给以判定。”❶ 考虑到法律制度的延续性与传承性，结合我国集体管理制度现状，垄断模式应当是我国目前集体管理制度比较务实的选择。

一、我国目前集体管理组织的垄断现状

我国集体管理制度采取分立垄断的模式，呈现出一类作品只允许存在一家集体管理组织的发展态势。截至目前，我国已经按照作品类型成立了音著协、音集协、文著协、摄著协及影著协等 5 家集体管理组织。采取该种模式主要是出于两方面的考虑：一是设立相对集中的集体管理组织可以降低管理成本，方便使用者获取授权，发挥集体管理的优势；二是分类设立能够较好地适应不同作品的特点和要求，提高集体管理的水平和效率。

从垄断程度来看，有的国家如意大利，采用一个中央协会负担不同类作品的各种权利的集体管理，集体管理组织所获得的是绝对垄断权。❷ 而在我国，集体管理组织所获得的是一种相对垄断权，其垄断程度相对而言较低。

二、垄断模式应以平衡各方利益为首要关切

集体管理作为个体之间著作权交易的替代形式，将公共利益作为自身追求的目标之一，在一定程度上表现为一种公共政策。以成本收益的角度来看，能够降低著作权交易成本，使得权利人的利益在大规模的传播使用条件下得到有效保障的模式即是可取的，这一点在信息网络时代表现得尤为明显。

---

❶ ［美］Jay Dratler，Jr.：知识产权许可（下），王春燕等译，清华大学出版社，2003 年，第 495 页。

❷ 意大利的作者出版者协会（SIAE）作为该国唯一的著作权集体管理组织，对所有作品统一实施集体管理。意大利《著作权法》第 180 条规定：“作为居间人直接或者间接介入、居间、代理、代表，或者转让表演、演奏、朗诵，或者通过卫星向公众传播在内的无线电播放、机械录制和电影拍摄受保护的作品的权利，由意大利作者和出版者协会排他性地享有。”《十二国著作权法》翻译组译：十二国著作权法，清华大学出版社，2011 年，第 338 页。

"适当的垄断支持与防止垄断侵害，是信息网络著作权集体管理立法的两个需要平衡的方面，从这个角度而言，这两者的平衡，也是知识产权人利益与公众利益的平衡。"❶ 因此，既然对于集体管理模式的选择并没有普适性或者绝对性的原理可供参考，那么就应当从集体管理模式的运作实效考证不同模式的利弊，以平衡各方利益为最高判断标准。尽管有学者认为，"竞争模式的集体管理存在缺陷，但立法者并不能以此为由为著作权集体管理组织创立法律上的垄断地位"❷。但是，一定程度上的垄断性作为集体管理制度有效发挥作用的必要条件，因其更有助于平衡各方利益而应当予以坚持。

三、坚持集体管理制度垄断模式的理由

包括著作权在内的知识产权属于法律所承认和保护的独占性权利，从某种意义上讲，坚持集体管理组织的垄断性，既是继续保持著作权垄断特性顺理成章的结果，也是发挥其自身作用的需要。

（一）集体管理组织的垄断性是著作权法定垄断特性的延伸

"知识产权保护是市场管理的一种重要形式；它是一种控制竞争的国家认可方法。"❸ 法律所认可的著作权的合法垄断具有私人垄断的性质，意即权利人对其所创作的作品享有专有权，以某种程度的垄断利益作为对其创作作品的回报，个人利益在此得以彰显并转化为有效的激励机制。当然，为了削减维持该垄断所可能带来的负面效应，立法又通过合理使用制度、法定许可制度等划定出一个相对合理的公共领域，以此作为对著作权垄断性的限制而非消除，使得公众在此范围内可以充分使用作品并为进一步创作奠定基础。

集体管理制度的出现，为解决围绕著作权所产生的个体利益与公共利益之间的矛盾提供了新的思路和做法，但其前提仍在于承认和尊重著作权的法

---

❶ 李洪武：垄断与限制垄断：著作权集体管理在信息网络时代的扩张，图书·情报·知识，2005年第2期。

❷ ［德］雷炳德·M：著作权法，张恩民译，法律出版社，2005年，第565页。

❸ ［美］苏姗·K. 塞尔：私权、公法——知识产权的全球化，董刚、周超译，中国人民大学出版社，2008年，第37页。

定垄断特性，并以此作为其获取授权及再行授权他人使用作品的基础。也就是说，著作权本身所具有的法定垄断特性，并不会因权利人将其授权集体管理组织行使而发生改变，“集合的力量只会加大垄断的强度”，[1] 因此，集体管理组织所具有的垄断性某种程度上是著作权垄断特性的自然延伸。

（二）适度垄断是实施集体管理的客观需要而非主观臆断

1. 竞争模式的集体管理运作并未取得预期效果

从理论上讲，尽管竞争模式的集体管理更加符合市场经济规律，似乎也更容易为人所接受。但是，集体管理的基本效用确切地说是源自垄断。[2] 理解这一点，对于坚持集体管理制度的垄断模式无疑具有极大的帮助。

考察竞争模式集体管理制度的实际运作，其所呈现出的几种不同样态似乎均未达到预期的效果。①有些国家如美国，将集体管理组织视为普通的私法主体，采取竞争模式的集体管理，强调集体管理组织之间以及著作权人与集体管理组织之间的竞争，更多的是与其崇尚自由经济和自由竞争的政治、经济、文化传统密不可分的。而从实际运作效果来看，“美国这种做法使得作品的作者和使用者都感到烦琐，但对这种历史形成的不合理状态也无可奈何”[3]。②有些集体管理组织在自身发展过程中，正是在自由竞争理念指导下，通过竞争逐步淘汰其他集体管理组织而最终取得事实上的垄断地位，如英国的PRS。③日本2001年《著作权与邻接权管理事务法》虽然将集体管理组织的垄断制改为竞争制，[4] 集体管理组织数量亦由4个猛增至36个，但是垄断制下成立的集体管理组织由于已经掌握了压倒性的作品数量及市场规模，依然是使用者的首选，以至于原有的垄断格局并未受到明显的冲击。相反，因集体管理组织数量增多造成使用者寻求授权等方面的诸多不便，已引

---

[1] 杨东锴、朱严政：著作权集体管理，北京师范大学出版社，2010年，第6页。

[2] 值得注意的是，在集体管理领域内，竞争、垄断等词不同于商业活动领域内的含义；在作品传播活动中，竞争存在于作者之间。作者努力使其作品为出版者、印刷商、制作人等所接受、由后者参与竞争过程，而并非在管理作品的集体管理协会之间存在竞争。［西］德利娅·利普希克：著作权与邻接权，联合国教科文组织中译本，中国对外翻译出版公司，2000年，第339页。

[3] 徐涤宇、刘辉：著作权集体管理基础问题研究，科技与法律，2005年第2期。

[4] 段玉萍：日本网络传播音乐作品集体管理经验简介，信息网络安全，2006年第3期。

起日本各界质疑集体管理组织竞争制的修正方向是否正确。④我国台湾地区在建立集体管理制度之初亦采取自由竞争的发展模式。❶ 但是，竞争所造就的繁荣景象并未持续太久，集体管理组织的报酬收入微乎其微，甚至开始出现负增长，直至后期因经营不善不得不解散，❷ 根本未实现以一定经济规模而带动社会文化发展的目的。及至2010年修正颁布“著作权集体管理团体条例”，其第8条即规定：“申请管理之范围与业经许可之集管团体之管理著作类别及权利范围有全部或一部重复者，如业经许可之集管团体已足以发挥集体管理之功能，著作权专责机关就该重复之部分，得不予许可。”不难看出，这一规定实质上是有意识地以立法形式促成集体管理组织的垄断地位。

2. 垄断模式集体管理的内在合理性

竞争模式的集体管理未达到预期效果，相反，“各国的正、反面经验证明，著作权集体管理组织需要相当程度的垄断性，以求得工作的有效性”❸。具体而言，在设立成本与运营成本大致相当的情况下，集体管理组织的管理效率取决于其管理成本支出占其收取的全部作品使用费的比例。❹ 采取垄断模式的集体管理，由于授权渠道的唯一性，可以保障集体管理组织获得尽可能多的授权，规模的不断扩大使得管理的边际成本呈现递减的态势，最终因平均成本的降低而得以充分发挥集体管理组织的规模效益，提高集体管理的效率，这一点对权利人与使用者而言均极为有利。否则，集体管理组织可能会陷入一个悖论之中，即由于规模不够大，它们无法吸引到足够的成员。由于成员不够多，它们的信誉不够好，征收和分配的版税就非常少，其对权利

---

❶ 我国台湾地区根据1997年11月5日颁行的“著作权中介团体条例”的相关规定，成立了多个音乐著作权管理组织，如社团法人台湾音乐著作权人联合总会（MCAT）、社团法人中华音乐著作权协会（MUST）（原名为社团法人中华音乐著作权中介协会）、社团法人台湾音乐著作权协会（TMCS）、社团法人中华民国录音著作权人协会（ARCO）、社团法人中华有声出版录音著作权管理协会（RPAT）、社团法人中华音乐视听著作中介协会（AMCO）、社团法人中外音乐中介总会（CHAM）、社团法人中华视听著作传播事业协会（VAST）等。及至2010年，仅余MCAT、MUST、TMCS、ARCO、RPAT、AMCO等六家。

❷ 李明德、许超：著作权法（第二版），法律出版社，2009年，第169页。

❸ 李明德、许超：著作权法（第二版），法律出版社，2009年，第169页。

❹ 陈建清：论我国的著作权集体管理模式——基于《著作权集体管理条例》第七条的分析，福州大学学报（哲学社会科学版），2007年第3期。

人的吸引力会更加下降。❶ 最终，如果集体管理组织无法达到必要经营规模，那么其管理成本往往高于权利人的自行管理成本，这一点在著作权产业出现高度集中的背景之下显得尤为突出。

总之，一定程度的垄断是集体管理“质”的规定性，❷ 既不会因立法的规定而天然形成，也不会因各方的反对而被迫消退，而是取决于集体管理制度发挥其职能的客观需要，具有内在的逻辑合理性与经济合理性。特别是我国目前的著作权交易市场规模较小，并不足以支撑竞争模式下较多数量的集体管理组织。否则，不仅可能导致部分集体管理组织平均管理成本的上升和管理效率的下降，更重要的是阻碍其规模优势的形成。

（三）反垄断的对象是垄断地位的滥用而非垄断地位本身

单纯的垄断地位往往是自然形成的，或者是通过市场竞争获得的，因此，不会受到太多的规制。但是，如果滥用垄断地位进而形成对竞争的干扰或限制时，则将纳入反垄断法的规制范围，❸ 对于集体管理组织而言也是如此。WIPO 显然也认可这一点：“对于面对使用者来说处于一种实际垄断地位的集体管理所采用的报酬标准和其他许可条件，政府的监督和干预仅在不得不阻止滥用这种垄断地位的情况下和范围内，才是合理的。”❹

1. 集体管理组织的垄断地位本身并未危及各方利益

集体管理组织的垄断地位，主要表现为其所具备的市场支配地位，在认定时往往考虑集体管理组织的自然人会员数目、法人会员在相关市场的市场份额、获得授权的作品数量以及相同市场上的竞争状况等因素。其中，市场份额是认定某个经营者是否具备市场支配地位的最直观依据。从各国立法来

---

❶ ［加］迈克尔·盖斯特：为了公共利益——加拿大版权法的未来，李静译，知识产权出版社，2008 年，第 390 页。

❷ 代水平：试论中国著作权集体管理模式的选择，西北大学学报（哲学社会科学版），2010 年第 1 期。

❸ 我国《反垄断法》第 55 条规定：“经营者依照有关知识产权的法律、行政法规规定行使知识产权的行为，不适用本法；但是，经营者滥用知识产权，排除、限制竞争的行为，适用本法。”

❹ 世界知识产权组织国际局：著作权和邻接权的集体管理的基本原则，载自：国家版权局，著作权的管理和行使文论集，上海译文出版社，1995 年，第 34 页。

看，一个经营者在相关市场的市场份额达到一半时，即可推定其具有市场支配地位。[1] 在集体管理领域，作品市场份额的构成及认定依作品的不同而有所差别。比如，音乐作品的市场份额主要由作品“载体流通的市场份额”、脱离载体“向公众表演的市场份额”和“向公众播放的市场份额”构成。[2] 对集体管理组织而言，其所占市场份额的认定往往以其所获授权的数量或比例作为主要参考因素。例如，集体管理组织获得相关领域60%以上的权利人授权方可被认为是具有代表性的，而音著协所获授权比例甚至达到了90%以上，显然，这一比例已经远远超出市场支配地位的认定标准，使得集体管理组织大多具备事实上的垄断地位。

但是，从反垄断法的角度来看，反垄断法并不是反对垄断地位，而是反对垄断地位的滥用，也就是说，垄断地位本身并不是反垄断法规制的对象。对于集体管理组织的垄断地位，无论是基于法律规定在成立伊始即直接获得，还是通过实际运营而取得，均不必然成为反垄断法的调整对象。相反，垄断条件下的集中管理对授权和使用作品成本的节约，恰恰是集体管理组织的优势所在，甚至是其之所以存在的最重要理由。

2. 集体管理组织滥用垄断地位将破坏利益平衡关系

不可否认，高额垄断利润是任何一个市场主体均难以抗拒的利益诱惑，集体管理组织亦不例外，因此，基于各种原因甚至是特定市场上的偶然性因素所形成的垄断地位，往往均存在被集体管理组织滥用的可能，进而成为作品正常使用和传播的阻碍因素。集体管理组织对垄断地位的滥用，不仅表现为其自身单方面确定收费标准及分配比例等，而且从其所连接的利益主体两端均有所体现。对权利人而言，往往表现为限制会员退出、歧视会员等；对

---

[1] 我国《反垄断法》第19条规定：“有下列情形之一的，可以推定经营者具有市场支配地位：（一）一个经营者在相关市场的市场份额达到二分之一的；（二）两个经营者在相关市场的市场份额合计达到三分之二的；（三）三个经营者在相关市场的市场份额合计达到四分之三的。有前款第二项、第三项规定的情形，其中有的经营者市场份额不足十分之一的，不应当推定该经营者具有市场支配地位。被推定具有市场支配地位的经营者，有证据证明不具有市场支配地位的，不应当认定其具有市场支配地位。”

[2] 杨志军、钟瑞栋：背景音乐收费制度与著作权法利益平衡精神，山西大学学报（哲学社会科学版），2003年第3期。

使用者而言，往往表现为强迫其接受一揽子许可、要求其签署长期许可协议、无正当理由拒绝发放许可、索要高额许可费等。[1] 而无论实施何种滥用垄断地位的行为，均有可能破坏集体管理制度下既有的利益平衡格局。此时，即使采用完全竞争的市场机制，加强对集体管理组织的监管仍然是必要的。应当从制度设计层面抑制集体管理组织滥用其垄断地位的冲动，并阻断其滥用垄断地位的途径，进而发挥其集中管理提高效率的正面效应。[2]

3. "合理性原则"较"本身违法原则"更适于集体管理制度

在认定集体管理组织是否滥用垄断地位或者市场支配地位，进而决定是否适用反垄断法予以规制时，对"合理性原则"与"本身违法原则"的选择至关重要，甚至影响最终的认定结果。

（1）对 CBS 诉 ASCAP 和 BMI 一案的简要介绍与评析

在集体管理组织因垄断地位所遭遇的诉讼中，争议焦点往往是其所发放的一揽子许可证是否构成垄断地位滥用的问题。1969 年，美国哥伦比亚广播公司（CBS）诉 ASCAP 及 BMI 一案，是第一个对现行美国音乐作品许可使用体系提出挑战的案件，被认为是处理现代反垄断法和知识产权法及两者关系的一个极好的判例。在该案中，CBS 认为 ASCAP 和 BMI 所采取的一揽子许可的做法违反了美国谢尔曼法的规定，属于非法的价格固定、捆绑协议和著作权的滥用。一审地方法院认为 ASCAP 和 BMI 的行为没有违反谢尔曼法。上诉法院认为一揽子许可减少了成员之间的价格竞争并且淡化了竞争，属于

---

[1] 针对集体管理组织滥用市场支配地位行为的规制已经纳入相关立法规划之中。讨论中的《关于知识产权领域反垄断执法的指南》（草案第 5 稿）即规定：如果著作权集体管理组织在开展活动过程中，从事某些行为，国务院反垄断执法机构将对其是否构成垄断进行分析认定。这些行为包括：没有正当理由，收取过高的代理费或许可费；没有正当理由对条件相同的著作权人实行歧视性待遇；强迫接受一揽子许可的行为；从事其他可能具有排除、限制相关市场竞争效果的行为。窦新颖、蒋朔：集体管理组织或成反垄断审查对象，载自：中国知识产权报，2012 年 8 月 24 日，第 9 版。

[2] 针对集体管理组织垄断地位的干预措施大致包括：①要求集体管理组织保障著作权人进入或者退出的自由；②禁止歧视不同的著作权人，要求其建立公平、公开、准确、可靠的许可费分配机制；③禁止强迫接受一揽子许可，要求集体管理组织提供多种类型的许可；④从实体及程序上限制其索要高额许可费；⑤充分公开经营信息，接受会员、版权用户及社会的监督；⑥禁止横向或者纵向市场联合，限制竞争对手及版权用户的选择自由等。崔国斌：著作权集体管理组织的反垄断控制，清华法学，2005 年第 1 期。上述措施因与其他领域并无太大差别，故本书不再展开详述。

谢尔曼法所规制的非法价格固定行为。联邦最高法院则认为，一揽子许可行为本身并不构成对谢尔曼法第一条的违反，但必须运用合理性原则进一步深入评估其合法性。显然，由于集体管理组织本身所具有的集中授权的特性，使得法院更倾向于适用合理性原则，作为判定集体管理组织是否滥用其垄断地位的依据。

（2）本身违法原则的运用应十分慎重

“本身违法原则”，一般是指某些行为只要发生就可以认定触犯了反托拉斯法，不需要对其具体情况进行分析。❶ 该原则往往针对严重触犯反托拉斯法的行为，因此，其适用应十分慎重，只有经过对特定经济关系的相当深入的考量，才能把某种经济行为归类为本身违法行为。在 CBS 诉 ASCAP 和 BMI 一案中，通过对 ASCAP 和 BMI 及其许可行为的反垄断调查，法院注意到音乐表演权许可的特殊性及其行业特点，并未直接适用“本身违法原则”，而是依据音乐表演权行业中，个别进行的著作权交易、监督和执行的成本相当昂贵等调查结论，最终认定集体管理组织的产生有其经济合理性。

（3）“合理性原则”更加注重利益的平衡

“合理性原则”的运用，实际上是对于某种明显具有反竞争性的行为，只要同时具有可弥补其缺陷的优点，且从总体上具有积极意义，就可以有条件地受到反垄断法的豁免。据此，在对集体管理组织是否滥用垄断地位进行审查时，应重视经济分析方法的运用，衡量其垄断地位对著作权交易成本的实际影响。如果集体管理组织的高效运作，使得权利人因此所获得的利益高于直接交易所得，即可从总体上认可集体管理行为所产生的社会效益和经济效益。❷

在 CBS 诉 ASCAP 和 BMI 一案中，法院在认定一揽子许可行为的合法性时，即从平衡权利人与使用者利益的角度，首先肯定了集体管理在实质上所起到的降低作品使用价格的作用。具体而言，集体管理组织所发放的一揽子

---

❶ 王先林：知识产权与反垄断法：知识产权滥用的反垄断问题研究，法律出版社，2001 年，第 106 页。

❷ 欧广远、张林海：论版权集体管理组织的反垄断法规制，中州学刊，2008 年第 6 期。

许可，以市场化的批量交易方式形成了显著的成本优势，尽管该许可方式在一定程度上限制了竞争，但其总体上的积极效果仍为其实施提供了充分的正当理由。其次，尽管从商业运作的角度考虑，一揽子许可对于 CBS 可能是更为有利的选择，但只要该选择并非是唯一的，则一揽子许可并不必然构成对竞争的违法阻碍。显然，法院最后的判决并未否定 ASCAP 和 BMI 的一揽子许可方式，反而使之得以强化，而且该判决也被看作是对集体管理给予的认可。[1] 而之所以得出如此结论，很大程度上即源于法院运用“合理性原则”对集体管理组织的运作效果加以综合判断，最终认定集体管理的积极效果大于消极效果。

第三节　我国集体管理垄断模式的修正

尽管垄断模式是我国集体管理制度比较务实的选择，但是也必须看到，我国目前的集体管理垄断模式既非一无是处，但也绝非无懈可击。一方面，行政性垄断是目前我国集体管理模式存在的一大弊端，大大降低了集体管理组织的公信力，影响了其正常运行，甚至在一定程度上危及集体管理组织的生存，必须坚决予以去除。另一方面，纯粹的垄断地位往往给集体管理制度带来一定的负面影响，对此，除了依据反垄断法对集体管理组织滥用垄断地位的行为予以直接规制之外，还应当考虑引入诸如平行授权在内的竞争因素，利用市场机制对其加以修正，构建我国集体管理的适度垄断模式，以期更好地发挥集体管理制度的积极作用。

一、行政性垄断与集体管理制度格格不入

如前所述，集体管理组织往往需要借助垄断的形式，方能形成具备必要代表性的规模。综观世界各国集体管理组织垄断地位的形成路径，大致分为

---

[1] Ariel Katz：The Potential Demise of Another Natural Monopoly Rethinking the Collective Administration of Performing Rights，Journal of Competition Law&Economics，Oxford University Press，September，2005，54。

两种：一是提供自由竞争的市场环境，经由市场机制的作用，以优胜劣汰的方式形成事实上的垄断地位。这一点亦通常为各国立法所认可。二是以行政干预的手段甚至立法的形式，直接赋予集体管理组织名义上的垄断地位，或者设置明显的制度障碍阻止竞争者的进入。从我国集体管理垄断模式的形成来看，并非出于对其自然垄断的承认，而是由于行政机关对集体管理组织过多的干预所致，因此带有比较明显的行政性垄断的色彩。

（一）行政性垄断于集体管理制度中的存在

行政性垄断，是指行政机关和法律、法规授权的具有管理公共事务职能的组织滥用行政权力，排除、限制竞争的违法行为。一般来说，只要存在行政权力对市场的干预就有可能出现行政性垄断行为，但是在由计划经济向市场经济转型的国家和一些政府主导型的发展中国家行政性垄断更为普遍。[1]行政性垄断导源于政府对市场特别是其竞争格局的介入，“虽然政府限制竞争的行为可能出于社会、环境或经济的原因，有的情况下具有正当性，但总体来说，它们对生产力和经济增长产生了限制性影响。”[2] 因此，行政性垄断往往被纳入反垄断法的调整范围。

目前我国集体管理制度中的行政性垄断因素，集中体现在行政机关通过行政审批和许可制度限制相关市场主体的进入，并通过《条例》设置不恰当的市场准入限制规则这一抽象行政性垄断行为的形式反映出来。而这一点恰恰与《反垄断法》第 37 条“行政机关不得滥用行政权力，制定含有排除、限制竞争内容的规定”相违背。

1. 业务性质的限制

《条例》第 6 条将可能从事集体管理的其他形式一概予以否定，形成集体管理组织事实上的垄断地位。[3] 而实践当中，著作权行政主管机关则往往

---

[1] 吴振国：《中华人民共和国反垄断法》解读，人民法院出版社，2007 年，第 514 页。

[2] ［澳］艾伦·费尔斯：行政垄断的规制——中国、澳大利亚、美国和欧盟之比较，载自：王晓晔，反垄断法实施中的重大问题，社会科学文献出版社，2010 年，第 310 页。

[3] 该条规定：“除依照本条例规定设立的著作权集体管理组织外，任何组织和个人不得从事著作权集体管理活动。”

利用自身职权，不遗余力地维持集体管理组织业务活动的垄断性质。2005年12月29日，国家版权局相关负责人发表声明，称一些公司以获得多家唱片公司专有授权为由，向卡拉OK厅、网站等音像作品使用者广泛发放许可并收取使用费的行为，有变相集体管理组织的特征，对于未经批准的单位和个人从事或变相从事著作权集体管理活动的，将依法加以处理。❶

2. 业务范围的限制

《条例》第7条规定的集体管理组织设立条件中，包含“不与已经依法登记的著作权集体管理组织的业务范围交叉、重合”，即针对某一类型作品的领域，只能存在一个合法的集体管理组织。虽然如此规定有其一定的合理性：一是在同一作品领域重复设立集体管理组织，将导致使用者需要向多个集体管理组织获取作品使用授权，进而增加交易成本；二是防止集体管理组织之间的恶意竞争。但是，更应该相信市场机制在应对这一局面时所可能发挥的作用，而不是以立法的形式设置相关市场主体的准入障碍。

（二）行政性垄断对利益格局的破坏

对于集体管理模式的选择，政府的干预及其程度的把握，应以较之于市场自发解决问题所产生的社会成本更低而带来的收益更高为基本判断标准。❷而一旦行政干预超出合理限度形成行政性垄断，将破坏集体管理制度本身的利益格局，使得利益不恰当地向集体管理组织及其背后的行政机关倾斜。

首先，在我国，集体管理组织的设立强烈依赖于行政机关的扶持。值得

❶ 2005年12月30日，针对北京音得利国际音乐文化有限公司在获得部分境外唱片公司授权后，开始向南京地区卡拉OK经营者收费的情况，国家版权局发布《关于制止未经批准从事集体管理活动的通知》（国权办〔2005〕49号），指出：根据《著作权集体管理条例》的规定，未经国务院著作权行政管理部门批准，任何组织和个人不得从事著作权集体管理活动。“音得利”公司显然未经国家有关部门的批准。“音得利”公司的行为是在进行著作权集体管理活动。著作权集体管理活动是通过各种方式获得著作权人及与著作权有关权益的权利人的专有授权后，再向不特定使用者发放广泛的非专有许可，并收取使用费的活动。“音得利”公司大量地获取相关权利人的授权后，不是自己使用，而是转给他人使用并发放许可从中收取费用，是在变相从事著作权集体管理活动。……“音得利”公司这些活动如不加以制止，会损害权利人的合法权益，给使用者合法使用作品造成混乱，对正在建立的我国著作权集体管理制度造成严重冲击，严重扰乱市场秩序。同时，“音得利”公司对唱片公司权利的垄断，也会对我国的文化安全构成一定威胁。

❷ 吴汉东：利弊之间：知识产权制度的政策科学分析，法商研究，2006年第5期。

注意的是，行政机关往往有一种天生的动机，即如果没有外在的约束，其就容易将被赋予的在特定时期行使的权力长期化、永久化。我国长期计划经济体制的影响，使得行政机关尤其习惯于运用行政手段维持已经过时的部门管制。其次，及至在集体管理组织成立之后的日常运作过程中，仍然与行政机关保持着相当紧密的关系。我国以往行政机关与垄断组织的关系表明，二者之间往往存在直接或间接的“业务联系”，而这种“业务联系”造就和维持着特定的利益关系。此时，相关行政机关与集体管理组织之间往往演变为利益相关的共同体。一方面，行政机关有充分的理由和动机顺从集体管理组织的意志，维持已经过时的市场准入规则，甚至成为集体管理组织滥用垄断优势的保护伞。西方公共选择理论的“监管者被俘虏”的比喻很好地解释了政府部门在面临公共利益与个体利益的选择时，容易以保护公共利益之名而维持个体利益之实的客观规律。另一方面，由于依附于旧体制的权力机制没有根本改变，加之转型时期的经济利益驱动和法律法规的不健全，行政机关往往利用行政权力，直接从集体管理组织的运营成果中谋求本部门的经济利益。

（三）对集体管理制度中行政性垄断因素的去除

“制止行政垄断是中国反垄断法一个极其重要而且非常迫切的任务。”❶这一点对于我国的集体管理组织来讲尤为适用。应当在《反垄断法》及其配套法规的制度框架内，去除集体管理制度中的行政性垄断因素。

根据《反垄断法》第 8 条的原则性规定，行政机关和法律、法规授权的具有管理公共事务职能的组织不得滥用行政权力，排除、限制竞争。其中，对行政性垄断的客观要件界定为“排除、限制竞争”，这与《反垄断法》关于垄断协议、市场支配地位的滥用以及经营者集中规制的违法判断标准是一致的。❷

2010 年 12 月 31 日，国家工商行政管理总局公布《工商行政管理机关制

❶ 王晓晔：入世与中国反垄断法的制定，法学研究，2003 年第 2 期。

❷ 而在最终的处理上，根据《反垄断法》第 51 条的规定，应采取由上级机关责令改正的责任追究方式。并且，对于法律、行政法规对行政机关和法律、法规授权的具有管理公共事务职能的组织滥用行政权力实施排除、限制竞争行为的处理另有规定的，依照其规定。

止滥用行政权力排除、限制竞争行为的规定》（国家工商行政管理总局第 55 号令），明确了工商部门查处滥用行政权力排除、限制竞争行为的处理方式，强调经营者不得以行政机关和法律、法规授权的具有管理公共事务职能的组织的行政限定、行政授权及行政规定为由从事垄断行为，否则将适用该规定的相关条款加以处理。[1] 其中，第 5 条第 3 项有关“行政规定”的规定，将使目前我国集体管理组织得以维持垄断地位所依据的《条例》，面临着反行政性垄断审查及至被责令改正的可能性。

（四）并非多余的担心——去除行政性垄断因素后垄断地位的维持

行政性垄断于集体管理制度中的存在，违背了市场运行的一般规律，破坏了正常的市场主体利益关系，坚决将其予以去除当无不妥。但是问题在于，在明确垄断模式是我国集体管理制度比较务实的选择的前提之下，如果依据反垄断法认定《条例》中有关集体管理组织市场准入的限制性规定构成行政性垄断，进而予以废止，那么面对新的设立集体管理组织的申请，应当如何维持集体管理组织现有的垄断状态，无疑将成为立法者、行政主管机关和集体管理组织不得不认真对待的迫切问题。事实上这一担心并非多余，从《著作权法》第三次修订所引发的相关争议中，已经有业界人士提出“希望引进竞争机制，希望唱工委可以申请成为第三家音乐著作权的集体管理组织”[2]。对此，可以尝试从以下几个方面予以考虑。

首先，相信市场的选择。一揽子许可往往被看作集体管理制度优势的集中体现，而“一揽子许可证的逻辑，其实就是垄断的逻辑。”[3] 竞争模式下的集体管理组织往往因授权分散而缺乏代表性，无法实施真正意义上的一揽子

---

[1] 该《规定》第 5 条规定：“经营者不得从事下列行为：（一）以行政机关和法律、法规授权的具有管理公共事务职能的组织的行政限定为由，达成、实施垄断协议和滥用市场支配地位；（二）以行政机关和法律、法规授权的具有管理公共事务职能的组织的行政授权为由，达成、实施垄断协议和滥用市场支配地位；（三）以依据行政机关和法律、法规授权的具有管理公共事务职能的组织制定、发布的行政规定为由，达成、实施垄断协议和滥用市场支配地位。”

[2] 郝俊慧：《著作权法》（修改草案）征求意见期将结束，版权局与音乐界仍未达成共识，IT 时报，2012 年 4 月 27 日，第 3 版。

[3] ［美］保罗·戈斯汀：著作权之道：从谷登堡到数字点播机，金海军译，北京大学出版社，2008 年，第 59 页。

许可，而垄断模式下的集体管理组织却可以轻易地做到这一点。“通过消除由著作权人直接许可使用音乐作品而涉及的巨额交易成本，一揽子许可证为用户提供了更有吸引力的产品，因为其价格低于竞争性的许可所将给予的价格。这是说明限制竞争如何能够实际提高经济福利的另一个例子。”[1] 显然，经济利益的影响力和驱动力，在维持集体管理制度的垄断模式中，将毫无悬念地再次发挥其主导作用。

其次，对历史及现状的尊重。从总体而言，美国、英国、德国、法国等集体管理制度较为成熟的国家，都没有明确在法律上赋予集体管理组织垄断地位。集体管理组织获得的垄断地位，可以说是历史的积累。[2] 以此展开，我国集体管理制度所经历的短暂历史及其现状，勉强可以成为维持其垄断地位的理由。但必须指出的是，上述国家的集体管理组织基于所谓历史积累而形成的垄断地位，更多的是建立在其良好的运作效果基础之上，进而获得了包括权利人、使用者等各方主体的认可。这也提示我国的集体管理组织，应当以更为高效、公正的集体管理活动成果，为其继续维持自身垄断地位提供更具说服力的理由。

最后，对准则制的重新定位。依据《行政许可法》的相关规定，缺乏法律和行政法规的依据设立行政许可的做法将受到严格限制。对于从事著作权交易这一普通市场行为的集体管理组织的设立，也不宜设置为行政审批项目，以此减少集体管理组织在设立阶段对行政机关的依赖程度。这一点也符合集体管理制度的国际发展趋势。如日本2001年《著作权与邻接权管理事务法》中即将集体管理组织设立所采用的许可制改为登记制。[3] 但是，为维持我国集体管理组织的垄断地位，可以考虑继续保持针对集体管理组织设立的准则制，以限制集体管理组织的数量。只是在理由的设定上，应更加合理与务实地考虑集体管理制度所追求的公益性目标，如满足社会公众文化需求、促进

---

[1] ［美］威廉·M. 兰德斯、理查德·A. 波斯纳：知识产权法的经济结构，金海军译，北京大学出版社，2005年，第489页。

[2] 罗向京：著作权集体管理组织的发展与变异，知识产权出版社，2011年，第233页。

[3] 甄西：日本著作权管理行业引进竞争机制，中国版权，2003年第2期。

文化产业发展等，以此寻求和论证保持准则制的正当性。

二、适度垄断的形成——兼谈“平行授权”的可能性

规制集体管理组织垄断地位的滥用，仅仅依靠外部的政府监管是不够的，必要的竞争因素可以充分发挥市场机制的作用，消减由垄断地位所可能带来的负面影响。此时，所谓的集体管理模式的选择问题，即转化为在保持集体管理组织垄断地位的前提下，如何引入有效的竞争因素，[1] 以形成适度垄断，避免绝对的垄断或绝对的竞争所带来的极端效应，引导集体管理组织的行为逐步趋向市场化和规范化。

（一）增设集体管理组织并非最佳选择

一般而言，竞争局面的形成有赖于多个竞争主体的存在及正常开展业务。但如前所述，如果在现有基础上增设业务性质基本相同的其他集体管理组织，不仅因重复设立而造成社会资源的浪费，而且可能出现无序甚至恶意竞争，反而影响集体管理职能的发挥。因此，在我国集体管理尚处于起步之际，不宜采取完全竞争型的著作权集体管理组织设立模式，[2] 即不能单纯地以新设集体管理组织的方式，增加集体管理制度中的竞争因素。

（二）平行授权对集体管理制度垄断性的削弱与牵制

1. 平行授权在我国集体管理制度中的缺失

所谓平行授权，是指权利人在授权集体管理组织行使其著作权的同时，依然保留自行行使或另行授权其他人行使该著作权的权利。平行授权实质上是权利人对集体管理组织的非专属授权，体现了权利人对作为私权的著作权的自由处分。亦即对于同一著作权，集体管理组织代为行使以及权利人自行行使或另外授权他人行使可以同时存在，并行不悖。专属授权消除了著作权

---

[1] 代水平：试论中国著作权集体管理模式的选择，西北大学学报（哲学社会科学版），2010 年第 1 期。

[2] 董榕萍：发展我国著作权集体管理制度的若干问题——以卡拉 OK 版权费风波为样本的分析，成都大学学报（社科版），2009 年第 3 期。

人和集体管理组织在授权市场上的竞争关系，强化了垄断组织的谈判地位，使其更容易索要高额的许可费，打压潜在的竞争对手。而非专属授权，则使得集体管理组织和著作权人之间直接的竞争关系得以保存。[1] 因此，设置平行授权，渐次成为许多国家或地区集体管理制度设计上的一致选择。如我国台湾地区 2010 年修正施行的“著作权集体管理团体条例”，即删除了原“著作权仲介团体条例”中“会员在仲介团体管理之范围内，不得自行授权或另委托第三人代其授权”之规定，对此是否加以限制则交由集体管理团体与会员依其章程或者管理契约决定，正式以立法的形式确立了平行授权制度。巴西《著作权法》第 98 条则规定：“著作权人可自己行使本条规定的权利，但应事先通知其加入的协会。”[2]

遗憾的是，《条例》第 20 条完全排除了权利人平行授权的可能性，[3] 甚至使得权利人在授权给集体管理组织之后，连自身权利的行使也要受到限制。[4] 平行授权的缺失，实际上是在限制权利人自主选择的同时，人为地强化了集体管理组织绝对的垄断地位。事实上，即使多数使用者在平行授权制度下，仍然选择从集体管理组织获取授权，也并不意味着集体管理组织与权利人等之间存在的竞争关系就不重要。此时，竞争关系的存在为使用者提供了更多选择的机会，而这种机会本身，一方面会使集体管理组织感受到竞争的压力，进而提升自己的服务质量；另一方面，也是对其滥用垄断地位的一种有效遏制。

2. 平行授权有利于当事人的利益自决

引入平行授权的阻力，主要来自对使用者可能无法辨识应与何人进行授权谈判，进而所导致的市场混乱之顾虑。应当说，该种顾虑以使用者利益为

---

[1] Michael A. Einhorn：Intellectual Property and Antitrust：Music Performing Rights In Broadcasting，Columbia-VLA Journal of Law and the Arts，Summer，2001，367。

[2] 《十二国著作权法》翻译组译：十二国著作权法，清华大学出版社，2011 年，第 22 页。

[3] 该条规定：“权利人与著作权集体管理组织订立著作权集体管理合同后，不得在合同约定期限内自己行使或者许可他人行使合同约定的由著作权集体管理组织行使的权利”。

[4] 李飞跃：我国应当确立竞争性的著作权集体管理组织，山西农业大学学报（社会科学版），2009 年第 6 期。

主要出发点，有其合理之处而非毫无根据。但此时更值得关注的问题却在于，在集体管理制度中引入平行授权，实质上是引入竞争因素，以削弱和牵制集体管理组织的垄断地位。“简而言之，非独占许可只给予被许可人免于受到许可人起诉威胁而合法使用许可标的的权利，它无权控制或限制许可协议范围内来自其他被许可人的竞争。”❶ 这种由集体管理制度内生的机制，并不需要另行设立数量众多的集体管理组织，即可产生市场机制的良性竞争，在节约社会资源成本的同时，也不会对集体管理组织的运作产生不利影响。

更为重要的是，从经济收益的角度来看，权利人授权集体管理组织行使其著作权，意味着权利人的经济收益在很大程度上依赖于集体管理组织的努力。如果该授权涉及围绕作品的全部商业活动，则这种依赖就可能是完全的和彻底的。“制度对增长的促进取决于制度把努力与报酬联系起来的程度，取决于制度为专业化和贸易所提供的范围，以及制度允许寻求并抓住经济机会的自由。”❷ 事实上，权利人自行行使著作权是充分实现其经济利益的优先选择，因为每个理性的经济人对自身利益最大化均抱有最大的关切与渴求，也更能作出合乎其利益的最佳选择。而将这种希望交由他人来实现，往往是迫于某种局限性而作出妥协或退让的无奈之举。

具体而言，权利人或使用者之所以选择集体管理制度，主要是解决作品利用过程中，二者难以直接接触与谈判的困境。“一个参与人如有可能总是选取一个严格占优战略并且总是不选取任何严格劣战略。这是所有博弈理论中最强的观念。当参与人认为选取一个特定战略总是比选取其他战略更好时，他们将选取这一特定战略，这一点是毋庸置疑的。”❸ 因此，当权利人或者使用者发现二者之间仍然有可能直接接触，并可就作品使用事项逐一进行谈判，于此时，集体管理组织的存在并非必不可少的。尤其随着数字技术的发展，

---

❶ ［美］Jay Dratler，Jr.：知识产权许可（下），王春燕等译，清华大学出版社，2003 年，第 692 页。

❷ ［美］W. 阿瑟·刘易斯：经济增长理论，梁小民译，上海三联书店、上海人民出版社，1994 年版，第 176 页。

❸ ［美］道格拉斯·G. 拜尔、罗伯特·H. 格特纳、兰德尔·C. 皮克：法律的博弈分析，严旭阳译，法律出版社，1999 年，第 7 页。

权利人自行行使权利的可能性增大，集体管理组织代权利人独占管理作品的正当性逐步被否定。❶ 平行授权的出现，不仅降低了权利人对集体管理组织在经济收益上的依赖程度，也为著作权交易提供了更多的可能形式。更为重要的是，平行授权满足了权利人和使用者在意思自治与利益自决基础上的合理追求，这也是尊重著作权的私权属性，承认和尊重权利人处分私权自主性的重要体现。至于有学者指出，平行授权将“导致用户对著作权人实施各个击破从而降低其支付的许可费，从而最终导致集体组织的解体”❷，于是其显得过于悲观，因为使用者通过各个击破的方式，在降低许可费的同时，必然增加其搜寻信息等方面的成本，两相对比之下，集体管理制度仍不失为一种更为经济和理性的选择。换言之，平行授权的出现，充其量是为权利人和使用者提供了更多的选择机会，而不能认定其必然对集体管理制度构成致命的冲击。

（三）其他著作权交易媒介组织的存在与发展空间

引入平行授权的前提，是承认集体管理组织之外的著作权交易媒介组织的合法性，为其提供存在和发展的空间。事实上，集体管理制度只是通过法律所创设的媒介著作权交易的形式之一，供著作权交易主体选择。换言之，著作权交易主体完全有权自主选择集体管理制度之外的交易形式，如授权专业代理公司代理著作权行使事宜。但是，《条例》第6条的规定使得诸如专业版权代理机构的合法性地位仍存在较大争议，成为游离于《条例》之外的特殊群体。甚至有学者认为，这些版权代理机构，在我国法律目前没有授权的情况下，属于非法经营，应当予以取缔。❸

事实上，从《条例》第6条的规定来看，其只是禁止集体管理组织之外的组织和个人从事集体管理形式的著作权交易活动，而并未禁止其从事集体

---

❶ Herman Cohen Jehoram：The Future of Copyright Collecting Societies，European Intellectual Property Review 2001，134-139。

❷ Heather Rosenblatt：Copyright Assignments：Rights and Wrongs-The Collecting Societies' Perspective，Intellec- tual Property Quarterly，2000，196。

❸ 李先波、何文桃：网络音乐作品著作权集体管理制度探析，人民音乐，2009年第10期。

管理形式之外的著作权交易活动。如果权利人作为委托人授权版权代理机构代理自己行使著作权，此时的著作权交易实际上只是属于普通的民事代理行为而非集体管理活动，自然不受《条例》的约束。同时，由于集体管理组织的经营方式和条件与著作权代理机构完全不同，二者甚至并不构成竞争法意义上的同业竞争关系。从这个意义上讲，《条例》第6条的规定只不过起到了限制集体管理组织之外的组织和个人宣称自己为集体管理组织的作用，除了徒增外界对政府过多干预市场活动的质疑和批评之外，并无其他益处。

著作权的交易形式取决于市场发展规律以及交易各方的实际需求，采取何种形式交易应当是各方在衡量利益之后的理性选择，法律对此不宜作出强制性的禁止规定。培养和造就更多的不具有集体管理性质，但是与集体管理组织在法律地位上完全平等的著作权交易媒介组织，也为权利人实现自己的著作权提供了更多的途径，最终促进著作权交易市场的繁荣与发展。

第六章　未来愿景——利益平衡在数字化时代的坚守

著作权法的演进史表明，“著作权法的发展过程并不是制度自然内生性主动表现的过程，而是一个不断回应技术挑战的过程”[1]。集体管理制度在以印刷技术和电子技术等代表的模拟技术时代取得了普遍的成功与广泛的认可。然而，数字化时代的技术变革，使得作品的创作、复制及传播等行为均发生了极大的变化，其公共产品属性更加凸显而难以有效控制。对于集体管理制度在数字化时代何去何从，呈现出两种截然相反的观点。悲观主义者认为，“集体管理的性质、技术等问题始终困扰着集体管理，它力量有限，传统媒体征收版税已显乏力，看来不能指望它们在‘管理’电子媒体的作品使用上有多大作为”[2]。而乐观主义者则认为数字化技术的出现为集体管理制度开启了新的发展空间。[3] 面对数字技术的冲击，与其对集体管理制度的前景持怀疑与悲观态度，不如接受科技发展所带来的不可避免的革新，并寻求与之博弈的方式。而从世界各国及国际集体管理组织的发展来看，集体管理组织在坚持利益平衡的理念之下，尊重数字化时代著作权制度的新型利益格局，完全可以利用网络和信息技术开发新的管理系统，创新作品授权许可模式，简

---

[1] 李扬：知识产权的合理性、危机及其未来模式，法律出版社，2003 年，第 267 页。

[2] 薛虹：因特网上的版权及有关权保护，载自：郑成思，知识产权文丛（第一卷），中国政法大学出版社，1999 年，第 206-207 页。

[3] 对于在数字环境下集体管理组织能否继续有效发挥作用，WIPO 的回答是肯定的，认为受著作权保护的作品将会越来越多地以数字形式通过如因特网一类的全球网络进行传播，因此，对著作权及邻接权进行集体管理的官方、半官方和市场部门的实体将要进行重组，以便利用信息技术来提高效益。http：//www. wipo. org/ cn/about-ip/about_ collective_ mngt. html。

化作品授权流程，拓展集体管理项目和内容，在提高集体管理能力的同时降低管理费用，继续发挥促进作品创作和传播、平衡各方利益的作用。

第一节 是挑战更是机遇——数字化背景下的集体管理制度

数字化技术所带来的创作主体多元化、复制手段数字化及传播方式便捷化等新情况，对传统集体管理制度构成极大的挑战，使得集体管理组织在著作权资源配置与维权等方面的功能呈现出弱化的趋势；同时，个人授权方式的回归更是在一定程度上颠覆了集体管理制度存在的价值。但是也要看到数字化技术为集体管理制度带来的新的发展机遇。

一、数字化时代对集体管理制度的挑战

（一）集体管理组织资源配置与维权功能弱化

集体管理制度存在及运行的前提是接受权利人的授权。但是在数字化时代，由于网络的公开性特征：一方面，难以准确认定作品权利归属而影响集体管理组织获得有效授权；另一方面，作品复制及传播等使用方式的变化使得集体管理组织难以有效维权。

1. 创作主体多元化使得著作权归属难以作单一化认定

数字技术的运用打破了权利人与消费者之间的界限，交互式创作方式出现并流行，使得利用计算机或多媒体手段创作的作品往往处于动态化的过程中。“计算机有能力将一部作品分解成数字碎片，再将这些碎片与其他作品和数据库中的零星碎片重新组合起来，这就意味着，当作者允许将其作品放入某一数据库时，就等于无可恢复地将它暴露在这样一种状态——会受到程度不一的取样、重排与重组。”❶ 由此，某一个特定时间节点上的作品，往往

❶ ［美］保罗·戈斯汀：著作权之道：从谷登堡到数字点播机，金海军译，北京大学出版社，2008 年，第 25 页。

是身份难以确定的为数众多的作者的集体行为，作品的权利信息特别是原创点由于交叉重复而变得模糊不清，甚至每一个普通使用者都成为潜在的作者、潜在的出版商和潜在的侵权人。此时，对于著作权的归属实质上难以作出单一化认定，不仅确认权利人身份的难度加大，而且集体管理组织获得授权的渠道也在一定程度上被阻塞了。

2. 复制手段数字化及传播方式便捷化加大了认定侵权的难度

作品的大量复制是权利人实现其经济利益的主要方式和途径，从某种意义上讲，控制作品的使用即主要表现为对作品复制行为的控制。数字技术将作品信息数字化，无论是语言著作物还是音乐著作物都只用“0”和“1”这种二进制数码来记述。[1] 传统意义上复制的内涵也相应地发生改变。虽然“这种将原作品进行数字式的‘转化’与传统意义上的‘复制’类似，但又不是简单的机械复制，而是付出了相当的劳动和智力进行的创造性加工型的复制”[2]。但是，《伯尔尼公约》第9条第1款的规定表明权利人“享有授权以任何方式和采取任何形式复制这些作品的专有权利”。换言之，复制从本质上而言是将作品制作一份或多份的行为，只要符合该特征的行为均应被包括在内。可以说，不仅WCT与WPPT对此持肯定态度，[3] 这一认识也被我国著作权行政主管机关所接受。[4] 综上，无论是在线浏览抑或是下载后使用，其中所包含的对作品的复制，均符合以一定的客观形式为人所感知，并能以一定的物质载体固定和再现的复制行为的特征。尽管这种传统作品的数字化转换，只是在载体形式和使用手段上发生了一定的变化，并没有产生新的作

---

[1] ［日］北川善太郎：网上信息、著作权与契约，渠涛译，外国法译评，1998年第3期。

[2] 刘祥国、李正生：数字化时代中国版权制度的现状及挑战，社会科学家，2010年第10期。

[3] WCT关于第1条第（4）款的议定声明指出：《伯尔尼公约》第9条所规定的复制权及其所允许的例外，完全适用于数字环境，尤其是以数字形式使用作品的情况。不言而喻，在电子媒体中以数字形式存储受保护的作品，构成《伯尔尼公约》第9条意义下的复制。而WPPT关于第7、11和16条的议定声明亦指出：第7条和第11条所规定的复制权及其中通过第16条允许的例外，完全适用于数字环境，尤其是以数字形式使用表演和录音制品的情况。不言而喻，在电子媒体中以数字形式存储受保护的表演或录音制品，构成这些条款意义下的复制。

[4] 1999年国家版权局发布的《关于制作数字化制品的著作权规定》第2条明确规定：“将已有作品制成数字化制品，不论已有作品以何种形式表现和固定，都属于《著作权法实施条例》第5条（一）所指的复制行为，也是《著作权法》所称的复制行为。”

品，但却在事实上剥夺了权利人的经济收益，挫伤了其创作积极性，仍然应当受到著作权法的规制。

与此同时，包含在作品之中的“信息的生产要花费巨大的成本，而信息的传播花费极少”❶。数字化时代，信息更是以二进制形式的数据组合进行传输，而且只是在人类感官需要的时候才会转化为模拟的形式，作品的传播变得日益便捷而成本低廉。而普通公众借助网络均可充当作品传播者的角色，由此导致的传播主体的人数海量化、行为隐蔽化及身份模糊化，在一定程度上加剧了作品传播的无序化，增加了侵权认定的难度，而将维权作为职能之一的集体管理组织也面临同样的难题。

（二）个人授权模式重新变得可能

在前数字化时代，著作权个人授权面临着权利人与使用者沟通不畅甚至无法沟通的困境，阻碍交易的顺利开展，这也是集体管理制度产生的客观原因。数字技术的出现与发展，使得个人自行行使权利通过技术保护措施（TPMs）、电子权利管理信息（RMI）以及两者在复合电子权利管理系统（DRMs）中的结合应用等途径成为可能。❷ 更为重要的是，数字技术的运用，实现了权利人与使用者在未曾谋面的情况下，仍可以一对一地开展交流，完成网上实时谈判与缔结许可、转让著作权合同等行为，在很大程度上迎合了权利人自己控制其作品使用的愿望，增强了其话语权特别是选择权，其对作品的控制力重新得以强化。

此外，在使用费的收取与分配上，由于传统集体管理制度中权利管理条款的集约化，导致无法精确掌握每件作品的使用情况，收费与分配也只能采取估算或者估算加其他因素综合考量的办法，很难切合实际。❸ 而数字化技术支撑下的个人授权模式，一方面可以对作品的段落、章节或者更小的作品

❶ ［美］罗伯特·考特、托马斯·尤伦：法和经济学（第五版），史晋川、董雪兵等译，格致出版社、上海三联书店、上海人民出版社，2010 年，第 105 页。

❷ ［匈］米哈伊·菲彻尔：处在三叉路口的版权和邻接权的集体管理——是继续保持自愿性还是将其“延伸”或变成强制性，邓玉华译，版权公报，2003 年第 4 期。

❸ ［匈］米哈伊·菲彻尔：处在三叉路口的版权和邻接权的集体管理——是继续保持自愿性还是将其“延伸”或变成强制性，邓玉华译，版权公报，2003 年第 4 期。

单元实现授权；另一方面，可以通过安装计数器对作品使用次数进行统计等手段，实现较为精确的计数收费与分配。[1] 因此，如果说集体管理是在个人管理不经济、不方便的情况下的一种替代选择，那么，数字化时代个人授权模式的去中间化特性，反过来又动摇了传统著作权集体管理的地位。[2]

二、集体管理制度在数字化时代的存在空间

尽管面临来自各方的质疑甚至已陷入现实的窘迫境地，但著作权自身的权利特性及其所带来的个人授权的高昂成本，使得集体管理制度在契合数字化时代要求的同时，仍然可以寻找到自己的生存空间。

（一）著作权权利的“碎片化”是集体管理制度存在的客观因素

著作权是包含多项著作财产权在内的综合性权利，根据我国《著作权法》第10条的规定，著作财产权即包括复制权、发行权、出租权、展览权、表演权、放映权、广播权、信息网络传播权、摄制权、改编权、翻译权、汇编权等。这些权利虽然集中于“著作财产权”名下，但其形成并不是同步的，而是与技术发展所引发的作品使用方式的变化密切相关，因此，相互之间并无严密的逻辑关联，仅仅像诸多碎片围绕在作品周围。[3]

可以说，著作权权利的“碎片化”增加了使用者获得作品使用许可的成本，在很大程度上催生了集体管理制度的出现。而在数字化时代背景下，信息技术的发展不断催生著作权的权利裂变，进一步加剧了著作权权利的“碎片化”。作品使用的情况也更加复杂，往往同时涉及存在于多种作品之上的各种分散的权利。例如，网络音乐作品的传播，往往涉及多方主体的多项权利，而获得全部的权利许可基本上是不可能的事情。解决权利碎片化所带来的许可成本问题，最有效的方式即通过集体管理组织。换言之，集体管理制

---

[1] 也就是说，作品实际使用与应支付报酬在数字化时代能够直接对应，报酬支付系统更加透明。曹世华：论数字时代著作权集体管理的数字化，电子知识产权，2006年第2期。

[2] 索来军：数字内容产品著作权保护的应对措施，电子知识产权，2007年第3期。

[3] Dianiel Gervais：The Changing Role of Copyrirht Collectives，in Daniel Gervais（ed），Collective Management of Copyright and Related Rights，2006 Kluwer Law International BV，The Netherlands，19，10-14。

度在数字化时代的继续存在，并非简单的人为设定，更多的是由于著作权权利碎片化的客观制约。

（二）成本与技术优势是集体管理制度存在的现实考量

“私人权利与集体管理组织之间的取舍，关键在于衡量两者之间的运作成本。但总的来说，集体管理组织运作著作权的成本收益比要优于单一的权利运作方式。”❶ 第一，个人授权在数字化时代成为可能的前提在于明确作品的权属。尽管权利人可以对不加修饰的原始数字著作物施加一些暗码、电子水印等技术性措施彰显权利主体，使得其成为网上商业交易的对象而非自由财产，进而获得具有适于流通形式的存在形态。❷ 但是，实现这一点所必需的权利管理信息和技术保护措施等条件，对于绝大多数权利人而言，无论是从技术能力还是从经济能力上，仍然是可望而不可及的，这一点甚至与集体管理制度最初的产生原因并无太大区别。第二，权利人在信息占有上始终处于弱势地位。由于权利人对交易途径、市场状况、交易风险等并不熟知以及相关信息占有的客观不对称，直接交易方式在数字化时代仍然不能达到著作权交易的最佳效果。❸ 第三，从权利人维权的角度来看，网络的出现导致作品公共性和外部效应增加，个人维权的成本也相对提高。❹ 而集体管理制度正是矫正作品外部性的内部化途径，通过批量处理授权的经济性、降低个人对作品监管的难度等，可以有效保障权利人的利益。第四，要求权利人自己行使权利并不现实，❺ 其亲自行使著作权的愿望将难以实现。总之，断言“在新技术的帮助下，著作权的私权性逐步得到恢复，私人能够脱离传统的

---

❶ 熊琦：著作权激励机制的法律构造，中国人民大学出版社，2011 年，第 138 页。

❷ [日] 北川善太郎：网上信息、著作权与契约，渠涛译，外国法译评，1998 年第 3 期。

❸ 来小鹏：版权交易制度研究，中国政法大学出版社，2009 年，第 182 页。

❹ 换言之，当权利人必须支付的搜索、签约和监督费用大于由此获得的收益时，靠著作权人自己来维护其权利就是得不偿失的，网上著作权的分配就失效了。林健、黄瑞华、问向荣：网上著作权保护及其经济学分析，著作权，2000 年第 1 期。

❺ 例如，权利人必须对授权对象的诚信度、防盗版的技术措施等有足够的信心；能够给出一个合适的授权费用标准；对自己作品的商业价值有确定的预期，且通常需要放弃根据未来版权市场供求关系变化与使用人再次订立授权协议的机会。曹世华：数字出版产业发展呼唤著作权集体管理现代化，中国出版，2006 年第 9 期。

集体管理组织重新实现私人许可”[1]尚显为时过早。

（三）集体管理制度与现行法定许可制度的契合

面对数字化时代所带来的生存困境，集体管理制度应充分利用和强化其与现行法定许可制度的契合，在实现权利人经济利益的同时扩展自身的职能空间。

法定许可作为一项比较成熟的著作权使用制度，一般是指在法律规定的情形下使用他人已经发表的作品，可以不经著作权人许可，但应当向其支付报酬，并尊重著作权人其他各项人身权利和财产权利的制度。[2]可见，法定许可最大的优势在于省却权利人的授权程序而提高使用效率。据此有学者指出，在作品传播便捷且成本低廉的数字化时代，面对海量授权的需求，不如将法定许可制度引入网络环境，更有利于权利人与使用者各得其所。[3]

但事实并非那么简单。一方面，如果过于泛化地运用法定许可，在数字化时代作品使用频率大幅增加的背景下，将可能助长未经权利人许可即可使用其作品的意识和风气，最终否认著作权制度的基本原则。另一方面，对于法定许可在一定程度上剥夺权利人的自主意愿所可能造成的缺憾，从著作权的私权属性出发，可以考虑允许权利人以声明保留个人管理的方式予以弥补。[4]但这样一来，权利人如果滥用该保留权，无疑将导致设立法定许可制度的目的落空，使用者仍需回到依权利人授权方能使用作品的原始路径上。

集体管理制度的运作机制无疑为解决上述难题提供了新的思路。在集体管理制度下，坚持以授权作为使用作品的必要前提，这一点在数字化时代更

---

[1] 熊琦：集体管理与私人许可：著作权利用的去中间化趋势，知识产权，2007 年第 6 期。

[2] 宁立志：知识产权法（第二版），武汉大学出版社，2011 年，第 140 页。

[3] 肖容梅：网络环境下著作权的法定许可与集体管理——读《关于网络环境下著作权问题的声明》有感，国家图书馆学刊，2006 年第 3 期。

[4] 如《著作权法》第 33 条第 2 款规定：“作品刊登后，除著作权人声明不得转载、摘编的外，其他报刊可以转载或者作为文摘、资料刊登，但应当按照规定向著作权人支付报酬。”此外，“对于加有著作权保护技术措施的网络作品来说，无论是禁止访问性技术措施还是禁止复制性技术措施，可以将其著作权保护技术措施本身理解为禁止转载、摘编的一种事实行为的声明。”陈继华、张永平、汪玲：网络时代著作权法定许可与默示许可的思考，科技与出版，2004 年第 6 期。

是得到了权利人的认可，不仅以此维系了著作权的基本原则，也在很大程度上缓和了权利人对于法定许可的抵制情绪。《著作权法》修改草案送审稿第50条强化了集体管理组织在法定许可制度中的作用。❶

与此同时，在网络环境下的法定许可，“并不是没有约束的自由使用，而是对于已发表的作品以有限的使用方式的有偿使用。也就是说，对于已发表的作品，可以不经著作权人许可，以网络浏览或控制下载等复制形式使用作品，并通过集体管理机构以政府规定的平均报酬标准向著作权人支付使用费”❷。由此，集体管理制度与法定许可的衔接，更多地集中在对于权利人经济利益的保障方面。依据《条例》的规定，我国集体管理组织已经承担着法定许可使用费的转收职能，因此，让其承担在网络环境下监控作品使用情况，以及收取使用费的职能并无太多的障碍。《著作权法》修改草案送审稿第50条亦对此作出要求。❸ 显然，在法定许可制度框架内，依托集体管理组织较为完善的技术平台与体系，加之配套的信息公示制度，便于权利人查阅和了解作品使用情况以及预计可能获得的报酬数额，在提高作品利用效率的同时实现权利人的经济收益。

（四）小结：集体管理与个人管理的共存

权利人控制自己作品的本能欲望，使得其自行行使权利在集体管理制度出现之后从未完全消失过，对于一些特殊的权利人而言更是如此。以四大跨国唱片公司为例，其往往通过垂直整合等方式拥有自己的词曲版权公司，因此，授权问题通常在其内部自行协商解决，以至于在1996年，东南亚的跨国地区版权公司签署一项备忘录，决定音乐作品复制权的授权事宜不再借助于

---

❶ 该条要求在适用法定许可的情形之下，如为实施九年制义务教育编写教科书；文字作品在报刊上刊登后，其他报刊进行转载或者作为文摘、资料刊登；广播电台、电视台播放已经发表的作品等，必须在首次使用前向相应的集体管理组织申请备案。

❷ 张平：数字图书馆建设中的法律问题及对策研究，国家图书馆学刊，2004年第4期。

❸ 上述适用法定许可的使用者在使用作品后一个月内，按照国务院著作权行政管理部门制定的付酬标准直接向权利人或者通过集体管理组织向权利人支付使用费。同时要求集体管理组织应当及时公告前款规定的备案信息，建立作品使用情况查询系统供权利人免费查询作品使用情况和使用费支付情况，并在合理时间内及时向权利人转付使用费。

当地因规模不足而致经营效率欠佳的集体管理组织，而由主要从业者自行进行。❶ 类似情形在数字化时代呈现出加剧发展的态势。如唱片公司凭借雄厚的实力，可以利用网络技术及技术保护措施自行设立著作权交易平台，甚至实施在线授权与收费，以此降低交易费用，这一举措对集体管理组织往往造成极大的冲击。❷ 此外，知名的创作者与表演艺术家也可能在集体管理制度之外，选择利用数字化技术建立自己的交易平台，或选择其他的管理模式。

但是也要看到，个人管理在很大程度上仍限于个案，上述情形所涉及的主体并非普遍意义上的权利人，要么因实力雄厚而具备个人授权的经济和技术优势；要么具备较高的个人影响力而采取个人授权。从历史演进来看，集体管理不能完全取代个人管理，同样，个人管理也无法完全取代集体管理。尽管“从单独授权到集体授权仍然是权利管理模式变迁的基本取向”❸ 的结论并不能得到有效的证实，但是，“信息社会不赞成放弃由集体管理机构进行的集体管理。完全相反，基于权利人和利用人的利益，要建立新的机构，为制作多媒体，使传统的机构装备成以可核算的价格保证权利许可快速、全面、高效”。❹ 而从各国实践来看，尽管集体管理模式于数字化时代已经丧失了“舍我其谁”的绝对优势，但凭借其集中化与规模化的权利行使方式，依然是大部分权利人行使著作权的最佳选择。即使依托数字技术建立起新型的数字著作权市场也不构成对集体管理组织的排斥，❺ 相反，其所必需的技术支持恰恰为集体管理组织的发展提供了新的契机。因此，数字化时代的到来为个人管理和集体管理提供了均等的机会，二者将在竞争与互补的基础上长期并存。

---

❶ Martin Kretschmer：The Failure of Property Rules In Collective Administration：Rethinking Copyright Societies As Regulatory Instruments，European Intellectual Property Review，2002，132。

❷ 音著协在五大唱片公司退出后收入大幅下降即为明证。

❸ 秦珂：基于著作权集体管理的数字化趋势研究，情报科学，2009 年第 4 期。

❹ ［德］克莱勒 · R：信息社会的权利实施与权利管理，许超译，著作权，1998 年第 2 期。

❺ 20 世纪 90 年代，日本学者北川善太郎提出 Copymart 市场模式，即权利人与使用者直接交易的设想。权利人可以自由设定作品利用的条件，在缔结许可合同的基础上建立著作权交易市场。［日］北川善太郎：著作权市场的模式——因特网上的信息与著作权，王福珍译，著作权，1999 年第 4 期。

第二节　数字化对集体管理制度传统利益格局的冲击

利益平衡只是一种相对稳定的状态，当新技术孕育出新的市场后，新的利益矛盾与冲突将打破原有的利益平衡。数字化时代背景下，作品强烈的非竞争性与非排他性的公共产品属性被无限放大。特别是由于网络信息资源的大规模群体传播与使用，权利人实现利益的成本大为提高，如许可众多网络使用者的成本，以及监督使用合理付酬的成本。而公众面对网络海量信息，获得权利人授权的成本也大为提升。“知识产权法做得最好的是试图在版权拥有者和公共使用者之间内在的矛盾利益中寻找平衡。所有当前的分析家都同意新的传播技术正在严重地和不断地恶化这种平衡。”[1] 因此，在网络环境下，既要保证权利人利益作为其创作的合理激励，又要兼顾公众共享信息资源的利益，集体管理制度仍有存在与扩张的合理性。

一、权利人对作品及其利益的控制力大幅削弱

著作权法为实现保护权利人的核心任务，赋予权利人对作品的专有控制权。尽管著作权的无形性特征使得其仍较易受到侵犯，但通过对侵权行为的追究基本上将权利人的权利维持在比较安稳的状态。

随着数字化时代的到来，这种安稳状态受到了极大的冲击。首先，作品复制手段多样化及传播便捷化，使得权利人对作品使用的控制力显著削弱。“除极少数情况外，版权是基于所有者对其产品的完全掌控之上，这保护了版权作品在知识产权领域的交换价值。传统意义上，版权所有者有权选择何时何地开发产品价值，以期获取投资收益。而复制技术则大大削弱了这种绝

---

[1] ［美］罗纳德·V. 贝蒂格：版权文化——知识产权的政治经济学，沈国麟、韩绍伟译，清华大学出版社，2009 年，第 100 页。

对掌控力，随着越来越多的人可以无偿享用版权商品，版权交换价值大大降低。”❶ 其次，权利人更加难以获知网络侵权事实的存在。即使权利人利用最先进的网络跟踪技术搜索非法的作品使用行为，在掌握大量违法事实证据的基础上通过维权获得赔偿，但其所支付的成本将远远超出其作品通过网络传播所可能带来的财产性收益，著作权的专有性所造就的垄断利益往往就此落空。最后，作品复制及传播的低成本，使得传统作品形式在向数字作品形式转换过程中大大贬值，而数字形式作品在无止境的低价甚至免费传播过程中的收益亦大打折扣，权利人的中心地位在网络环境中呈现出明显的“边缘化”趋势，成为网络服务、内容提供者以及网络内容消费者的“配角”，❷ 权利人与使用者之间传统的利益格局被打破，权利人通过著作权使用所可能获取的利益也处于失控的边缘。

二、新型利益主体——网络提供商❸的出现及其利益诉求

数字化催生了作品的网络传播方式，也造就了网络提供商这一新型主体。一般而言，可将网络提供商划分为网络内容提供商（Internet Content Providers，ICP）与网络服务提供商（Internet Service Providers，ISP），二者的运营模式与利益诉求各有不同。❹ 不可否认的是，二者的出现打破了传统集体管理制度下的作品传播与使用方式，并在很大程度上冲击了原有的利益格局，因此，如何协调网络提供商与集体管理组织之间的关系，成为完善数字化时代的集体管理制度的重要课题。

---

❶ ［美］罗纳德·V. 贝蒂格：版权文化——知识产权的政治经济学，沈国麟、韩绍伟译，清华大学出版社，2009 年，第 145 页。

❷ 崔立红、秦野：网络时代知识产权犯罪问题研究及其对策，知识产权，2001 年第 4 期。

❸ 此处之所以使用“提供商”而非“提供者”，主要原因在于无论是提供网络内容还是网络服务，均呈现出强烈的商业化趋势，或者说，商业化在这两个领域均已占主导地位。当然，本部分内容所述之有关利益问题也正是源于这一商业化趋势。

❹ 有时，网络内容提供商与网络服务提供商并非截然分立的两个主体。如 2010 年 5 月，盛大文学起诉百度侵犯其五部网络文学作品信息网络传播权一案，就面临“百度文库是单纯的网络服务提供商还是网络内容提供商，还是二者兼而有之的角色？”的问题。张洪波：2011 年文字作品著作权纠纷案件评点，中国图书商报，2012 年 3 月 13 日，第 6 版。

1. 网络内容提供商

网络内容提供商，一般是指将传统作品进行数字化转换并置于网上，以收取相应费用为对价，供终端使用者浏览或者下载的机构或者个人，如网络出版商、数字图书馆及数据库汇编者等。

网络内容提供商通过向终端使用者出售大量信息实现营利，而拥有海量作品是关键所在。在目前数字技术的支持下，实现传统作品向数字作品的转换对于网络内容提供商而言已经解决，而如何通过合法的、顺畅的、便宜的渠道获取尽可能多的作品使用授权则成为关乎其生存的主要问题。[1] 从这个意义上来看，需要直接与集体管理组织接触的应该只是网络内容提供商。

2. 网络服务提供商

网络服务提供商，是指为互联网用户提供信息传播中介服务的人。[2] 其营利模式主要包括提供有偿通信、计费通道及其以访问量为基础的广告收入。

“在线系统中最容易构成侵权行为的，至少有四个不同的来源。创建系统的人们，可能会在系统中加入一些未经授权的他人的版权作品。同样，运行和维护系统的人们，也会增加一些未经授权的复制品。用户也可能会将一些侵权作品上载到系统中。此外，侵权作品可能通过在线系统进行传输。”[3] 在上述四种可能的侵权行为中，由于网络服务提供商仅仅提供作品传播的中介服务，如何在不影响信息的顺畅传播以及网络交互性的前提下，免除其侵权责任，一直是困扰数字化时代各国著作权立法的难题。自《美国数字千禧版权法》始，相继有“避风港”规则[4]和“红旗标准”问世。从某种意义上讲，这也是承认与保护网络服务提供者合法利益的规则设计。

3. 网络提供商与集体管理组织之间的利益分享

目前，在数字出版产业链中，网络服务提供商处于强势地位，网络内容

---

[1] 在我国，重庆维普与清华同方在发展过程中所遭遇的著作权困扰即反映了这一点。程亮：有理不在声高——维普面对 2000 余家期刊社的共同起诉，市场观察，2001 年第 1 期。

[2] 具体而言，其所提供的服务主要有三类，即网络接入和信息传输通道服务、信息存储空间服务和信息定位服务。王迁：网络环境中的著作权保护研究，法律出版社，2011 年，第 168-169 页。

[3] ［美］约纳森·罗森诺：网络法——关于因特网的法律，张皋彤等译，中国政法大学出版社，2003 年，第 9 页。

[4] 如我国《信息网络传播权保护条例》第 20~第 23 条即被看作“避风港”规则。

提供商则处于弱势，而利益分配的不平衡最终损害的却是权利人的利益。不可否认的是，网络内容提供商与网络服务提供商之间存在着明显的利益交叉与依赖。前者必须依赖后者所提供的硬件设施和软件系统方能传播其作品，而后者所提供的服务如果缺少了前者有关作品内容的支持，也将成为空话。

从网络提供商与集体管理组织的关系来看，一方面，网络内容提供商可以依托集体管理组织的集中授权机制，节约其获取“海量授权”的成本。❶另一方面，对于网络服务提供商而言，尽管有上述免责规则的庇护，但是选择与集体管理组织合作以获得相应的授权，无疑是使其摆脱侵权困扰的有效途径。如百度在经历了诸多被诉侵权事件之后，创建了 MP3 音乐搜索创新模式，即实现了无论链接来自哪个第三方网站，只要产生了试听或下载，均由百度通过集体管理组织向唱片公司和词曲权利人支付费用，这一做法获得了唱片公司、词曲权利人的认可，也造就了新的互联网音乐推广和利益分享新型商业模式。❷

三、泛化的终端使用者对公共利益的影响

著作权法促进公共利益的努力，虽然最终需要落实于终端使用者接近、获取及使用作品的机会与能力，但是，“终端使用者不会因为个人使用行为而显著影响作品的商业开发，版权的内在平衡承认终端使用者不应被置于版权的监控之下。”❸ 这种对于终端使用者的刻意回避始自著作权法的产生并得以延续，直至数字化时代的到来。

数字化技术的发展与运用，使得不再需要传统意义上的场地、设备及复杂的技术手段和流程等即可完成作品的创作与复制，且累加效应日益显著。

---

❶ 以数字形式存在的网络信息资源大多是原有作品的新的使用方式，并没有产生新的作品形式，因此，没有必要针对网络信息资源单独成立集体管理组织，只需根据对应的传统作品形式将网络信息资源划分到相应的集体管理组织中。黄先蓉：网络信息资源著作权集体管理制度研究，图书·情报·知识，2005 年第 1 期。

❷ 当然，也不乏失败的案例，如谷歌数字图书馆事件，因谷歌公司和相关方未能达成利益分割协议导致谈判破裂而整体退出中国大陆市场。

❸ ［加］迈克尔·盖斯特：为了公共利益——加拿大版权法的未来，李静译，知识产权出版社，2008 年，第 375 页。

尽管“版权的历史和基本政策目标显示，它是一种由专业人士行使的反对其他专业人士的权利”❶，但是在数字化时代，原本作为单纯受众的非专业的终端使用者群体，似乎一下子变成了数量惊人的“专业人士”，在很大程度上颠覆了传统意义上的终端使用者的概念。与此同时，作品传播方式的多样化与传播成本的低廉化，使得普通公众可以通过非常便捷的方式与途径接触和获取作品，“版权人的权利基本上是对作品传播的节点进行控制，当作品传播的节点从有限数目的媒介到终端用户时，版权人的权利似乎已经跟随到了这些终端用户身上”❷，由此导致终端使用者的范围不断泛化。可以说，日益专业化和泛化的终端使用者的出现，改变了作品原有的利益格局，特别是公共利益正在以一种前所未有的主体覆盖范围呈现在世人面前。

于是，一方面，不能一味地限制以互联网为代表的新型传播方式的发展，以免阻碍社会公众获取知识的需求。另一方面，面对终端使用者在使用作品的同时所实施的再创作和再传播行为，尽管可能构成对著作权的极大侵犯，但法律此时却表现得相当脆弱，因为面对大范围违法行为的纠正或制裁往往代价高昂。数字化时代以信息共享为基本内涵的公共利益似乎陷入了无奈的尴尬境地。

四、启示：利益平衡是集体管理制度在数字化时代仍需坚守的原则

数字化时代背景下，由于新型的作品传播者的出现，以及终端使用者的泛化趋势，在增加公众使用作品机会的同时，削弱了权利人对作品的控制，使得围绕着作品的利益主体及其格局发生了巨大的变化，既有的利益相对平衡状态逐步被打破，权利行使困难或者权利滥用同时存在。集体管理制度同样面临着如何适应这一新形势的难题。

从各国立法及国际条约的角度来看，总的趋势表现为加强对权利人的保

❶ ［加］迈克尔·盖斯特：为了公共利益——加拿大版权法的未来，李静译，知识产权出版社，2008年，第375页。

❷ 吴伟光：数字技术环境下的版权法危机与对策，知识产权出版社，2008年，第23页。

护力度，如规定作品数字化权、信息网络传播权、技术保护与反规避措施等内容，不断扩张权利人的权利范围和增强其权利的专有性程度。应当说，在面对数量惊人的作品使用者，权利人俨然成为弱势群体的背景下，上述做法与其说是为了保护权利人的利益以维持其创作积极性，进而维持作品的有效供给数量而刻意为之，不如说是面对数字化时代的新生事物时的本能反应。但如此一来，个人利益被提升到更为优先的地位。而坚持网络的信息共享性实质上是公众利益的体现，尤其是教育、研究和获得信息的利益。❶ 事实上，维护权利人的创作积极性与坚持网络的信息共享性都是人类社会发展所必需的。因此，通过立法将个人利益层层保护起来，将导致社会公众接触、获取和使用作品的概率降低或者成本增加，使得其无法分享网络技术条件下信息广泛传播的利益，造成了权利人与社会公众新一轮的利益冲突。❷ 从这一点来看，集体管理制度平衡各方利益的传统理念在数字化时代并未过时，只不过需要重新梳理利益主体及其诉求，以促进著作权交易效率为基础，充分发挥网络快速传播信息的优势，以更好地实现个人利益与公众利益之间的平衡。

第三节　我国集体管理制度于数字化时代的应对措施与未来愿景

“著作权集体管理组织在创作者与使用者之间扮演着重要而且非常有用的角色，这就是在新技术产生所导致的作品扩大使用的同时著作权集体管理也经历了长足的进步的原因。”❸ 从世界各国及国际集体管理组织针对数字环境所作的探索与改进来看，围绕着作品信息管理、授权许可和分配报酬等集体管理制度的三大支柱，利用数字技术开发新的集体管理系统，已经在创新

---

❶ 冯晓青、胡少波：互联网挑战传统著作权制度——兼论著作权合理使用制度在网络空间中的新形式，法律科学，2004 年第 6 期。

❷ 肖容梅：网络环境下著作权的法定许可与集体管理——读《关于网络环境下著作权问题的声明》有感，国家图书馆学刊，2006 年第 3 期。

❸ WIPO：Introduction to Collective Management of Copyright and Related Rights［EB/OL］. http：//www. wipo. int/ arah/en/meetings/2002/muscat-forum-ip/pdf/iptk-mct02-i6. pdf。

授权机制与完善管理运行等方面发挥了积极而有效的作用。

我国集体管理制度的起步较晚，自产生之初即面临着数字化技术所带来的困局，如何在发挥集体管理制度传统功能的基础上及时回应数字化技术的挑战，一直是贯穿我国集体管理制度发展进程中的关键问题之一。[1]《条例》的有关规定虽然为此提供了相应的法律依据，但内容过于简单，仅仅是一种原则性或者导向性的规定。[2]“在高度开放、互联的数字化时代，能存活下来的集体管理机构将在很大程度上依赖于其能够证明其对作者和使用人是有效率和有吸引力的。”[3] 事实上，现实需要已经促使我国集体管理组织在数字化道路上积极探索。一方面，在借鉴其他国家先进做法的同时，参与集体管理制度数字化的合作进程，不断巩固和提升自身的功能定位，以网络化作为提高工作效率和降低管理成本的基本手段。另一方面，适应数字化时代的新型商业模式，在发挥自身优势的同时助益文化产业的发展。在这一探索过程中，梳理集体管理制度下原有的及新兴的利益主体，平衡各方主体之间的利益关系，仍然是贯穿其始终的主线。下面即从集体管理信息系统建设、著作权在线交易系统建设等方面，[4] 总结和展望我国集体管理组织在数字化时代的发

---

[1] 如国家版权局《关于制作数字化制品的著作权规定》第 4 条即规定：“国家批准建立的著作权集体管理组织管理各类作品的利用，包括以数字化制品形式的利用。”

[2] 《条例》第 24 条规定：“著作权集体管理组织应当建立权利信息查询系统，供权利人和使用者查询。权利信息查询系统应当包括著作权集体管理组织管理的权利种类和作品、录音录像制品等的名称、权利人姓名或者名称、授权管理的期限。”

[3] 联合国教科文组织：版权法导论，张雨泽译，知识产权出版社，2009 年，第 163 页。

[4] 建立数字化著作权管理系统（Electronic Copyright Management System，ECMS），是集体管理数字化最为基础性的工作。不同学者对于 ECMS 内容的阐释虽存在差别，但基本上大同小异，核心内容均未脱离集体管理制度的三大支柱职能。例如，有学者认为，完整的著作权管理系统包括作品注册子系统、作品库检索子系统、作品使用许可子系统、作品使用监管子系统、作品版税支付子系统、作品版税分配子系统等六个部分。曹世华：论数字时代著作权集体管理的数字化，电子知识产权，2006 年第 2 期。有学者认为，我国所要建设的现代化著作权权利管理系统，应当包括著作权网上登记系统程序、作品检索系统程序、作品授权系统程序、作品使用监管系统程序、使用费支付系统程序、使用费分配系统程序等。李潇雨、王宏：对我国著作权集体管理模式的法理解析，华北电力大学学报（社会科学版），2011 年第 1 期。又如，有学者认为，应当开发一套网络使用音乐作品的处理系统，从音乐作品的查询、使用的许可受理、许可标志的自动发送、使用报告的接收、使用费的计算、分配数据的编制、盗版网站的监控等各个方面对网络使用音乐作品进行全方位的管理。李先波、何文桃：网络音乐作品著作权集体管理制度探析，人民音乐，2009 年第 10 期。

展与未来愿景。[1]

一、基础——建设涵盖广泛利益主体的集体管理信息系统

如何处理作品创作与使用的海量信息，是集体管理制度在数字化时代所面临的首要难题，也是完善集体管理制度最为现实和可行的切入点。可以说，一个涵盖范围尽可能广泛的作品数据库，作为创新授权模式和开展在线交易的基础，不仅在最大程度上代表了权利人的利益，也为使用者提供了最大限度的作品使用范围的选择空间。数字技术的发展则为数据库建设提供了可靠的技术保障，有助于集体管理组织在信息管理方面实现无纸化操作，简化储存和查找信息的过程，延续其高效率低成本管理的优势。[2] 我国集体管理组织在开发自身作品数据库的同时，积极参加相关国际集体管理组织，实现了作品信息的共享。

（一）加强集体管理国际合作以实现数据库资源共享

国际性集体管理组织有关集体管理的数字标准化建设，有利于实现作品权利信息的全球共享和数字作品的全球流通。其中最具代表意义的当属 CISAC 所作的努力及其所取得的成就。

建立一个主要的资料数据库促进各协会间更有效地交换信息资料是 CISAC 的主要活动之一，其于 1994 年创建了全球性数字化版权信息管理系统（Common Information System，CIS），是 CISAC 针对数字环境进行的最重要的系统设计的尝试。[3] CISAC 的成员协会因此可以在无国界的数字世界里唯一

---

[1] 鉴于音著协成立与运行时间相对较长，在数字化集体管理方面的经验更为丰富，故本章主要以音著协为例展开相关阐述。

[2] 例如，美国广播音乐公司（BMI）的“网络音乐点击许可系统”（Click-through internet Music Licensing Solution）、美国音乐出版协会的出版人在线查询服务（Publishers On-Line Inquiry，POLI）与歌曲信息查询系统（Song Information Request System）等都是由集体管理组织参与建设的著作权数据库。熊琦：集体管理与私人许可：著作权利用的去中间化趋势，知识产权，2007 年第 6 期。

[3] CIS 整合原本独立的 CISAC、IFPI（国际唱片业联盟）及 MPA（国际音乐出版人协会）三方的信息编码系统，使之成为一个共享的信息平台。CIS 系统可以实现自动化的管理与交易，有利于节约管理费用，以及更准确、更快捷地在成员协会之间分配版税。CIS 系统使用 ISO（国际标准化组织）认可的、统一的信息数据标准来著录版权作品并将其置于互联网，形成一个全球联网的作品数据库。

地、准确地鉴别每一个创作者和每一部作品，为作品的使用者提供在线的作品节目清单，最大可能地实现了逐日的管理和标准化的信息交换。[1]

除此之外，为解决单纯从外部特征鉴别音乐作品的方法所可能带来的混淆，CISAC 已经开发出 ISWC（International Standard Musical Work Code）编码。[2]

我国集体管理组织自成立之初，就注重与集体管理国际组织的合作。例如，1994 年，音著协经国家版权局和外交部批准加入 CISAC，[3] 不仅将中国作品纳入国际识别系统，而且实现了国际作品数据库资源的共享。音著协于 2009 年被批准成为 ISWC 编码中国大陆地区唯一代理机构，协会会员资料与作品资料已分别汇入国际权利人数据信息系统（IPI）和 ISWC。文著协亦已成为 IFRRO（国际复制权组织联合会）的正式会员。[4]

（二）集体管理组织自身作品数据库的建设与开发

1. 我国已初步建立起集体管理作品数据库

作品构成集体管理的基础资源，作品数据库则是实施集体管理的主要依托。传统的集体管理作品数据库受限于当时的技术条件，已不能适应数字化时代“海量作品、海量授权”的实际需要。各国纷纷开发和建设自身的作品数据库，[5] 例如，德国音乐作品表演权与机械复制权集体管理协会（GEMA）建立的在线数据库等。[6]

在加入集体管理国际组织实现数据库资源共享的同时，我国的集体管理

---

[1] http：//www. cisac. org。

[2] 即国际标准音乐作品编码，作为一种唯一的、永久的、国际公认的标识音乐作品的参考编码，就好似一首音乐作品通行世界的“身份证号码”。即便该作品被发行到国外或者被翻译成其他语言，作品的 ISWC 编码仍然是保持不变的。在当今数字音乐和网络环境下，一首音乐作品只有取得了 ISWC 编码，才能得到辨识，被有效地保护。http：//www. mcsc. com. cn/informationSociety. php？partid = 13&pid = 684。

[3] 全国人大常委会法制工作委员会民法室：《中华人民共和国著作权法》修改立法资料选，法律出版社，2002 年，第 350 页。

[4] http：//www. prccopyright. org. cn。

[5] 一般而言，作品数据库所吸纳的作品信息一般包括权利人名称（个人或公司）、作品名称、作品类型、权利有效期间、作品的概要、作品授权条件、作品授权费用、出版人、联络人等内容。

[6] 秦珂：基于著作权集体管理的数字化趋势研究，情报科学，2009 年第 4 期。

组织也在积极开发和建设自身的作品数据库，通过对大量作品信息的完整、准确及长久的记录与储存，以期提供互联网信息查询服务，建立系统性的作品信息链接。例如，2002 年 9 月音著协与香港作曲家及作词家协会（CASH）签订协议，联合开发作品数据库与分配系统（DIVA），该系统为目前全球最大、最权威的中文音乐作者和音乐作品数据库，包括会员、作品、协议、日志、分配和调整等五个单元，可以随时将协会管理的音乐作品转换为国际作品资料卡和影视音乐提示卡，向签约的海外同类组织提供，使得协会会员权益在世界范围内得到充分保护。[1] 截至 2011 年，DIVA 中已录入作品 3913862 首。[2]

2. 作品数据库仍需进一步完善

但是也要看到，我国集体管理组织的数据库建设仍然存在诸多不足。首先，因集体管理组织吸纳的权利人数量偏少，导致数据库的作品覆盖面较小，仍需在增加权利人数量的基础上进一步充实。其次，从数据库内容来看，目前仅仅停留在简单的作品信息罗列上，并未作出便于使用者检索作品，特别是查询不同使用情况下付款依据的科学分类。在这方面，德国 GEMA 的数据库即是将数字作品的使用区分为以下不同情况，制定不同的收费标准。[3] 显然，如此细化的作品分类及使用费标准，为使用者对作品及使用方式的选择提供了事先的参考依据，在提高授权效率的同时可以有效减少收费争议的发生，无疑为我国集体管理组织完善自身数据库提供了有益的经验。

二、运行——建立以利益平衡为导向的著作权在线交易系统

面对数字环境下“海量信息、海量授权”的局面，集体管理组织凭借规

---

❶ 杨东锴、朱严政：著作权集体管理，北京师范大学出版社，2010 年，第 15 页。

❷ 音著协 2011 年报，http：//www. mcsc. com. cn/pdf/phpYtFrR7. pdf。

❸ 具体包括：①为个人或私人使用将作品制作成数字化制品，但不能向公众发行；②为个人或私人使用制作多媒体时复制作品，但不能向公众发行；③网络广播；④音乐铃声下载；⑤作品下载；⑥作品在线使用；⑦网站表演性地使用个别作品；⑧电子商务网站使用个别作品；⑨GEMA 成员中的音乐出版者在自己的网站上出于推广业务目的而使用作品。刘可静、张敏：世界版权集体管理组织在数字环境下的新发展，知识产权，2004 年第 6 期。

范流程与定价机制所带来的高效与便捷优势要想继续发挥作用，必须进一步简化交易流程，缩短交易时间，提高交易效率，以实现信息、资本等在市场上的高速流转，而建立以利益平衡为导向的著作权在线交易系统，以集体管理组织的有效运作为主要依托，既满足权利人控制作品使用的意愿，又满足使用者便捷使用作品的需要，无疑是集体管理组织自我完善的基本路径。

著作权在线交易，是指依托日益成熟的互联网技术，将传统的著作权交易流程置于网络环境中运行。[1] 简言之，包括在线注册、在线授权与在线支付三个部分。其最大的特点与优势在于，著作权交易各方的意志与利益追求通过在线交易得以充分的表达和实现。日本的 E-License 在线授权系统中心、美国的版权结算中心（Copyright Clearance Center，CCC）[2] 等即属于著作权在线交易系统平台。我国集体管理组织在著作权在线交易方面亦作出了有益的探索与尝试，如音著协已构建起音乐在线交易平台（Music On-line Exchange Platform，MOEP）。但是，受技术、法律及配套措施等因素的制约，我国集体管理制度下的所谓在线交易，仅仅是将标准化交易流程与收费方案在网站上予以公示，实际操作上仍然停留在“线上申请、线下确认与交易”较为初始的阶段，尚有较大的发展与完善空间。

（一）在线注册便于扩大集体管理的会员数量及作品数量

在线注册一般分为会员在线注册与作品在线注册。会员在线注册，是指会员以在线提交入会材料的形式加入相关集体管理组织。考虑到在线注册存在如信息录入不完整导致需要进行多次沟通，虚假信息可能导致的错误授权和错误分配等反而加重了审核的负担，“在相当一段时间内，网上注册只能

---

[1] 一般而言，一个完整的著作权在线交易流程包括：作品使用者以在线方式向集体管理组织提出许可使用申请，双方在线签订许可使用合同，使用者通过电子付费系统交纳使用费，权利人向使用者提供作品内容及发放电子许可证。

[2] CCC 在权利集体管理方面实现了彻底的电子化、网络化。凭借 CCC 开发的从“端对端”（end—to—end，亦即 point to point 两端的计算机直接连接）网上授权与转载的解决方案，使用人可以顺利完成作品搜索、支付、得到作品等交易程序。曹世华：论数字时代著作权集体管理的数字化，电子知识产权，2006 年第 2 期。

作为传统入会方式的有益补充”[1]。实践当中，申请人完成在线注册之后，尚需经过线下审核与签订合同方可完成入会程序。如文著协的入会程序，包括在线填写并提交个人及作品信息，经审核后与协会签订书面的《文字作品著作权集体管理合同》，协会在 14 个工作日内通知申请人成为正式会员。[2] 音著协则要求，申请人在线填写并提交入会申请之后，仍需要与协会签署书面《音乐著作权合同》，并填写会员及作品登记表。[3] 但是，随着技术手段和法律制度的日益完善，特别是电子身份认证系统的建立、电子许可证与电子签名的效力在法律上的确立等，代表集体管理发展方向的会员在线注册必然会得以逐步推广。

作品在线注册，是指借助作品数字注册系统平台，由创作人、个人工作室、公司（如唱片公司、出版社）等在线注册自己的各种形式的作品。[4] 在线注册作品不仅可以通过文字形式，还可通过图片、音频、视频等其他形式，从而达到更加全面地记录注册人信息与作品信息的目的。例如，通过音著协“数字音乐版权注册平台”，权利人依照“账号注册→登录→上传作品→注册付费→完成注册”的程序即可完成作品的在线注册。[5] 值得一提的是，因创作作品等原因而享有著作权是成为集体管理组织会员的基本前提，[6] 因此，权利人入会申请中所包含的一项重要信息即申请人的作品信息，也就是说，会员在线注册与其作品在线注册往往是同步进行的。

可以说，依托网络平台是在线注册区别于传统作品注册的重要特征，大大简化了注册程序，节约了注册成本，有利于扩大集体管理的作品数量。更

---

[1] 杨东锴、朱严政：著作权集体管理，北京师范大学出版社，2010 年，第 45 页。

[2] http：//www. prccopyright. org. cn/user/Register. aspx？ isMember=true。

[3] http：//www. mcsc. com. cn/informations. php？ partid=53&pid=353。

[4] 在线注册可以不断地扩充作品数量，从这个意义上说，在线注册的实质仍然属于建立作品数据库的范畴，并可为使用者提供在线查询的相关服务。

[5] http：//morp. mcsc. com. cn。

[6] 如《中国音乐著作权协会章程》第 11 条规定：“协会实行会员制。凡中国音乐著作权人，包括作曲者、作词者、音乐出版者和其他权利人，通过与协会签订《音乐著作权合同》，都可以成为协会会员。”第 12 条规定：“凡中国音乐著作权人，有一首音乐作品公开发表，申请加入本协会的，可以成为协会会员。”

为重要的是，通过在线注册并加注电子权利印记，不仅可以准确记录注册的先后顺序，而且可以有效提供著作权流转和多方共有等真实信息，以此作为认定著作权归属的基本依据，解决使用者所面临的核实作品权利信息及权利认证的难题。例如，MOEP 中的音乐作品一旦注册完成，注册作品就拥有了 ISWC 编码信息的电子水印，可以此清晰界定权利的归属。而将电子水印附着在作品中，便于在大量的数字化信息中查找，进而达到确认和保护著作权的目的。

（二）建立开放共享的著作权授权新模式

数字技术对著作权制度的现实影响，表现为对作品的数字化处理，而在数字化过程中的些许修改均将导致权利人对作品控制力的不断减弱。因此，如何制止他人未经权利人事先同意就将作品数字化、发行和传递、复制、修改、使用等就成了最大问题。从这个意义上说，数字化对著作权制度的冲击，或者说著作权制度在数字化时代所遭受的责难，很大程度上集中在因授权困难所导致的传播障碍上。而以发放授权为主要活动内容的集体管理制度，依托数字技术建立开放共享的授权新模式，无疑是其在数字化时代的重要使命。

1. 建立开放共享的授权新模式的重要性

一方面，数字化时代造成了作品授权的困难，但又不能以授权困难将侵权行为合法化；另一方面，如果将使用者的使用行为一概认定为侵权，甚至在侵权事实发生之后作单一化的删除处理，以期实现维护权利人利益的目的，实际上仅仅是一种被动的防御措施，而且此举因阻碍作品传播将损及权利人的利益。因此，解决问题的关键在于如何实现有效的作品使用授权。❶

从技术层面而言，网上信息由于复制的无限性，导致其“作为一种无法卖竭的资源”,❷ 更适宜以授权许可的方式供使用者使用。而授权许可恰恰是

---

❶ “如果缺乏合法的选择去接近在线材料不是权利人不愿意授权的结果，而是没有现实可行的许可途径造成的，那么权利人和使用者都是输家：权利人输是因为他们不能对接近其作品提供授权，失去了有序传播其作品应获得的利益；使用者输则是因为没有使用数字信息的便捷的授权方式。” Diniel Gervais: The Changing Role of Copyrirht Collectives, in Daniel Gervais (ed), Collective Management of Copyright and Related Rights, 2006 Kluwer Law International BV, The Netherlands, 19, 10-14。

❷ 陈传夫、迈克尔·布勒坎雷：欧盟一体化版权保护十年：主要措施简介（上），电子知识产权，2001 年第 12 期。

集体管理制度的传统功能或者基本功能之一。“当首要目标不是最小化非授权使用者，而是最大化授权使用者时，版权业才能良好发展。”❶ 因此在数字化时代，集体管理制度必须由解决报酬收入问题，转向最大程度地获取与发放授权，方能满足产业发展与社会公众的需求。换言之，集体管理组织应当通过构建开放共享的授权许可新模式，使合法获取作品变得与非法获取作品一样简单，这也是继续发挥其媒介著作权交易功能，并证实其自身存在价值的有效途径。

2. 数字化时代集体管理授权模式概要

大致而言，数字化时代的集体管理授权模式经历了脱机授权、联机人为干预授权和全自动授权等几个阶段。前两者是集体管理数字化运行的初级阶段，并为最终全自动授权模式的建立奠定了基础。

脱机授权，一般是集体管理组织在应用数字化技术之初所采取的授权模式。受限于互联网发展的局限性，脱机授权仅仅是将原有的纸质存档文件转化为数据库形式加以保存以供查阅，并未将其置于互联网环境之中，面向权利人和使用者开展著作权登记和作品授权服务。换言之，此时所谓的脱机授权模式只是表现为数据库的建设，真正的授权工作仍然依赖于人工的纸质化流程操作来完成。但不可否认，脱机授权在很大程度上节省了集体管理组织搜寻作品的时间，提高了其工作效率。更为重要的是，数据库的建立作为数字化授权的基础性工作，为联机人为干预授权和全自动授权提供了必不可少的作品信息资料。

联机人为干预授权，是指将上述数据库置于互联网环境，使得使用者可以方便地通过互联网接触和了解作品的基本信息，包括作品的著作权信息、权利人信息等。虽然获得授权的请求方式因由电子邮件取代了传统的信件和传真等而变得更为迅捷，但是集体管理组织对于授权请求的处理仍需实施人为干预。简言之，此时的授权工作实际上仍然是依靠人工完成的，尽管最终

---

❶ Daniel Gervais：Collective Management of Copyright and Related Rights（2nd），Kluwer Law International，2010，17。

的授权可能是以电子邮件的方式代替传统的纸质许可文件。

全自动授权，则是指在脱机授权和联机人为干预授权的基础之上，任何一个作品使用者都能够通过集体管理组织的互联网服务系统，在线查询相关作品的著作权信息与权利人信息、授权使用方式和价格目录等资料，在线发送作品使用请求，并自动获得作品的使用授权，不受时间、地点的限制，也不含人工干预的因素。

3. 我国集体管理组织数字化授权模式的发展与完善

目前我国的集体管理组织均在建设和完善自身所管理作品的数据库，并逐步将其置于网络环境供使用者通过网络查阅和浏览。但是，最终的授权服务仍然需要经过传统的人工工作流程方能实现。如音著协将复制、表演、广播及信息网络的收费标准在线公布，使用者咨询、提出使用申请，并提交书面的《中国音乐著作权协会作品使用申请表》和使用作品清单，在核算费用和支付著作权使用费的基础上办理相关许可手续。[1] 文著协对于图书出版商的作品使用许可，首先由出版商提供书面的《使用文字作品清单》供协会审核，协会审核后无异议，双方签订《汇编作品委托代理协议》；协会接受出版商委托，负责联系作者，取得使用文字作品的授权；出版商取得授权后按照协议约定将稿酬及相关费用交付至协会并出版图书；最后由协会向作者转付稿酬及样书，并提供网上稿酬查询系统供作者查询。[2] 影著协则将收费标准按照网吧、交通工具、视频点播、音像制品出租及非营利性局域网等类别放置于协会官网，供使用者在线阅读。使用者在线填写“许可申请表”后，需要将点击生成的申请表，在加盖公章后邮寄至影著协，影著协审核后通知使用者交费金额与途径，待交费成功后发放许可证书和等额发票。[3] 不难看出，我国目前集体管理组织的数字化授权仍处于联机人为干预授权阶段，自动化程度尚有待进一步提高。

除此之外，由于我国目前是以作品类别为依据分别设立集体管理组织，

[1] http：//www. mcsc. com. cn/musicUserArea. php？ partid＝40。

[2] http：//www. prccopyright. org. cn/staticnews/2010-06-03/100603174826453/1. html。

[3] http：//www. cfca-c. org/xkzlc. php。

随着多媒体作品的涌现，使用者对作品的使用可能不再限于单一类别。因此，更为理想的授权模式应当设想为，在保留现有集体管理组织按照作品类别分别设立以保证其专业性的格局之下，整合各自的作品数据库实现资源共享，并建立更高一级的统一授权体系。“所谓的‘一站式商店’正变得十分流行。在此概念下，各个独立的集体管理机构联合在一起，对于包括多项权利的几项授权给予许可。”❶ 以此解决如多媒体作品所需要的著作权授权问题，提高作品传播效率并推动相关产业发展。

（三）在线支付便于著作权交易的结算

在线支付，是指使用者借助银行提供的网上资金结算服务，将作品使用费直接转账至集体管理组织账户中。其优点在于实现支付的安全、精确与高效。但是，囿于观念而非技术的限制，我国集体管理组织均未能实现在线支付，在一定程度上抑制了著作权交易的发展。

在线支付作为 ECMS 的重要组成部分，可以有效实现计费的精确性。传统集体管理制度中，由于对作品的使用情况无法准确记录导致收费模糊，而 ECMS 将使作品使用情况得到客观反映，从而为收费提供依据。❷ 而对于卡拉 OK 经营者的作品使用情况，集体管理组织可以通过对歌曲进行数字编码以实现对歌曲使用的实时监控，获取歌曲被使用的时长、地点、方式等，并通过自动化分类处理将其作为收取和分配使用费的依据。除此之外，传统集体管理制度中，大多采用相同使用费、许可条件与分配原则的标准化条款，虽然提高了交易效率，却无法完全满足使用者对作品的不同需求，在一定程度上增加了交易成本。❸

应当说，ECMS 为在线支付提供了必要的技术支撑，我国集体管理组织

---

❶ 联合国教科文组织：版权法导论，张雨泽译，知识产权出版社，2009 年，第 153 页。

❷ 例如，可以通过在使用人（尤其是网站、电视台或电台）的播放设备上安装计数器对作品使用次数进行统计，变以前的概括收费为现在的精确计数收费。曹世华：论数字时代著作权集体管理的数字化，电子知识产权，2006 年第 2 期。

❸ 通过 ECMS 对作品的数字化处理，可以突破对整部作品授权的框架，具体到对作品的个别章节、个别段落、个别语句授权，一方面节约了授权成本，另一方面使收费更加合理和准确。秦珂：基于著作权集体管理的数字化趋势研究，情报科学，2009 年第 4 期。

应当在此基础上，积极借鉴其他国家或地区于在线支付方面的有益经验。[1]除此之外，集体管理组织尚可借鉴国内日益成熟的电子商务模式，进一步完善在线支付项目，为使用者在线支付提供便利条件，进而保障权利人经济利益的实现。

[1] 例如，我国香港地区作曲家及作词家协会即在其网站上提供“版税计算机”，依据卡拉 OK 之开始使用音乐日期、背景音乐（机械性演奏）之最高容纳数目、影像音乐之荧光屏数目、卡拉 OK 演奏时间之最高容纳数目和每年总卡拉 OK 演奏时间，由权利人或使用者根据相关提示填写相关数据，就会自动生成版税数额，既有利于权利人明确自己的利益预期，也便于使用者在利益衡量的基础上作出使用与否的决定。http：//www. cash. org. hk。

结　语

集体管理制度在中国产生与发展的二十余年，既伴随着该制度在世界范围内的变迁与完善，尤其是在数字化时代的自我调整，也从其视角见证了国人著作权保护意识的萌生与发展。一路走来，可谓命运多舛，常常陷于运行之困境，似乎印证了“国际上成功最快的集体管理机构也花费了五六年的时间开始自立，在大多数情况下，需要几十年的努力才能确立著作权协会的地位。著作权管理协会中途夭折的事情也发生过。集体管理的起步难是国际著作权专家所公认的”❶。及至《著作权法》第三次修改，以专节形式对集体管理制度的相关规定，多少有些出人意料地成为争论的焦点。而于大量的口诛笔伐之中，权利人与使用者作为利害关系方发出质疑之声尚可理解，唯普通公众也纷纷加入进来，使得本应主要限于专业领域内的征求意见甚至演化为一场全民大讨论。

如果说社会各界对集体管理制度的质疑甚至戒备，主要源于集体管理组织运行中的不透明与不规范，公众选择将对现状的不满迁怒于集体管理制度的调整。这应该只是表面现象，对其深层次原因的探寻则应以更为宽广的宏观视角作为切入点，利益平衡这一著作权制度的核心理念无疑是进行这一尝试的较为理想的选择。

从各国的集体管理制度及其实践来看，既存在一些具有普遍适用性的理论与做法，也包含诸多与各国国情密切联系的理论差异与特殊实践。诸如数字化技术的发展带给集体管理制度的挑战，既非历史上的第一次，也不可能

❶ 高凌瀚：对中国著作权集体管理的认识，载自：国家版权局，著作权的管理和行使文论集，上海译文出版社，1995 年，第 40 页。

是最后一次。而当为应付集体管理活动中不断出现的复杂而烦琐的新问题而不断添加的零散规则，“越来越被视为一盘大杂烩，一大堆只有共同的‘技术’连接起来的支离破碎的特殊判例和彼此冲突的规则”时，❶ 作为维系著作权法律与现实相对接的集体管理制度，所要解决的已不单单是可能性问题，更包括可行性问题。

具体而言，在制度设计方面：第一，从著作权的私权属性出发，尊重当事人自主意愿的表达，重新审视和界定集体管理制度所涉各方利益主体之间的法律关系，无疑是实现利益公平分配的基本前提。第二，在反思目前集体管理组织的“非营利性”定位与“行政化”倾向所产生的弊端的基础上，以“趋市场化”的理念为指导，将其培育成相对超脱的利益主体；以“去行政化”的理念为指导，促使其摆脱对行政机关的依赖。第三，从我国目前集体管理组织的垄断现状出发，在将垄断模式作为我国集体管理制度较为务实的选择的同时，应当通过去除集体管理制度中的行政性垄断因素，以及引入平行授权等举措，对该垄断模式予以修正。在制度实施方面：第一，秉持利益平衡的基本理念，进一步完善收费标准的制定主体、制定程序、参考因素以及使用费的收取方式等现有规定，并尝试引入暂付款和单曲收费等特殊的收费方式。针对使用费的分配业务，则应进一步明确使用费分配的原则及具体模式，通过公平分配消除各方的质疑与非难。第二，在数字化时代仍应坚守利益平衡原则，通过对新技术的适应与接受，建设涵盖广泛利益主体的集体管理信息系统，建立以利益平衡为导向的著作权在线交易系统，继续发挥集体管理制度在数字化时代的积极作用。

应当说，于纷争和困扰之中，把握利益平衡这一基本原则，梳理各方主体的利益诉求，合理创设法律关系，创新集体管理组织功能，妥善处理权利人、使用者及社会公众之间的利益冲突，实现既要保护创造、鼓励传播，也要满足广大公众的智力文化需求的目的，集体管理制度在我国仍大有可为。

---

❶ [美] 哈罗德·J. 伯尔曼：法律与革命——西方法律传统的形成，贺卫方、高鸿钧、张志铭等译，中国大百科全书出版社，1993 年，第 44 页。

“中国知识产权法制30年的历史表明，进入21世纪以来，我国知识产权立法已经摆脱了被动移植的局面，从‘调整性适用’进入到‘主动性安排’阶段。”[1] 面对诸如“我们只能断定，我们依然需要寻找合适的版税征收和利益分配办法。也许，我们永远也找不到”[2] 之类的无奈，改进集体管理制度的理论探索与实践脚步并不能因此而停止，至少每一次用心的努力，都可以向最有利于实现各方利益平衡的目标更靠近一些。

---

[1] 吴汉东：中国知识产权法制30年的9个问题，载自：吴汉东，中国知识产权蓝皮书（2007—2008），北京大学出版社，2009年，第91-92页。

[2] ［荷］约斯特·斯密尔斯、玛丽克·范·斯海恩德尔：抛弃版权：文化产业的未来，刘金海译，知识产权出版社，2010年，第38页。

参考文献

[1] 冯晓青,付继存．对我国《著作权法》第三次修改的若干意见[J]．中国专利与商标,2012,(3).

[2] 冯晓青．著作权法的利益平衡理论研究[J]．湖南大学学报(社会科学版),2008,(6).

[3] 冯晓青,胡少波．互联网挑战传统著作权制度——兼论著作权合理使用制度在网络空间中的新形式[J]．法律科学,2004,(6).

[4] 雷群安．版权作品权益分配的利益平衡理论再思考[J]．韶关学院学报(社会科学版),2004,(5).

[5] 吴汉东．关于知识产权基本制度的经济学思考[J]．法学,2000,(4).

[6] 吴汉东．利弊之间:知识产权制度的政策科学分析[J]．法商研究,2006,(5).

[7] 胡开忠．知识产权法中公有领域的保护[J].法学,2008,(8).

[8] 代水平．试论中国著作权集体管理模式的选择[J].西北大学学报(哲学社会科学版),2010,(1).

[9] 罗向京．集体管理:信息技术与著作权制度的相谐之点[J]．河北法学,2009,(9).

[10] 李洪武．垄断与限制垄断:著作权集体管理在信息网络时代的扩张[J].图书·情报·知识,2005,(2).

[11] 方岩．著作权集体管理与网络传播的利益平衡[J]．科技与出版,2003,(1).

[12] 熊琦．集体管理与私人许可:著作权利用的去中间化趋势[J]．知识产权,2007,(6).

[13] 马继超．中国的音像著作权集体管理[J]．中国专利与商标,2009,(2).

[14] 曹新明．知识产权法哲学理论反思——以重构知识产权制度为视角[J]．法制与社会发展,2004,(6).

[15] 李先波,何文桃．网络音乐作品著作权集体管理制度探析[J]．人民音乐,2009,(10).

[16] 孙秀丽．著作权集体管理制度的功能优势[J]．黑河学刊,2012,(1).

[17] 赵宾．个人授权模式的兴起与著作权集体管理制度的变革[J]．河南社会科学,2009,(3).
[18] 陈继华,张永平,汪玲．网络时代著作权法定许可与默示许可的思考[J]．科技与出版,2004,(6).
[19] 章忠信．99年新修正著作权集体管理团体条例简析[J]．智慧财产权,2010,(137).
[20] 刘韶华．信托视角下的著作权集体管理制度[J]．法律适用,2006,(5).
[21] 金武卫．《著作权集体管理条例》主要问题评述[J]．电子知识产权,2005,(2).
[22] 卢海君．论市场导向的著作权集体管理[J]．电子知识产权,2007,(3).
[23] 卢海君．论我国著作权集体管理组织的法律地位[J]．政治与法律,2007,(2).
[24] 唐晋伟．我国著作权集体管理组织的自治路径——从诉讼、收费和管理职能的变迁出发[J]．科技与法律,2010,(4).
[25] 许超．我国著作权集体管理的立法现状[J]．中国专利与商标,2004,(1).
[26] 许超．我国著作权集体管理的立法现状(续)[J]．中国专利与商标,2004,(2).
[27] 许超．评中国第一起著作权集体管理机构参与的诉讼[J]．中国专利与商标,1998,(4).
[28] 李锋．论我国著作权集体管理的性质[J]．韶关学院学报(社会科学版),2005,(11).
[29] 翟瑞卿．著作权集体管理的法律关系分析[J]．法律适用,2003,(1、2期合刊).
[30] 蒋万来．论我国著作权集体管理制度的完善[J]．电子知识产权,2003,(11).
[31] 李潇雨,王宏．对我国著作权集体管理模式的法理解析[J]．华北电力大学学报(社会科学版),2011,(1).
[32] 刘学在．《著作权集体管理组织之当事人适格问题研究[J]．法学评论,2007,(6).
[33] 周俊强．著作权集体管理的法律性质[J]．法学杂志,2003,(3).
[34] 张隽．著作权集体管理组织的诉权[J]．金陵科技学院学报(社会科学版),2005,(4).
[35] 李正华．网络环境中的著作权集体管理制度研究[J]．信息网络安全,2006,(3).
[36] 黄先蓉．网络信息资源著作权集体管理制度研究[J]．图书·情报·知识,2005,(1).
[37] 韦之．论著作权集体管理机构管理的权利——关于著作权法修订稿的思考[J]．法商研究,1999,(3).
[38] 崔国斌．著作权集体管理组织的反垄断控制[J]．清华法学,2005,(1).
[39] 刘丽娟．版权集体管理组织的立法思考[J]．中国版权,2002,(1).
[40] 施国伟．集体管理组织与使用者的关系及协调[J]．法律适用,2006,(1、2期合刊).

[41] [德]克莱勒·R. 信息社会的权利实施与权利管理[J]. 许超,译. 著作权,1998,(2).
[42] [德]西尔克·凡·莱温斯基.专有权的强制性集体管理——与国际版权法和欧盟版权法相一致的案例研究[J]. 刘跃伟,译. 版权公报,2004,(1).
[43] [匈]米哈伊·菲彻尔. 处在三叉路口的版权和邻接权的集体管理——是继续保持自愿性还是将其"延伸"或变成强制性[J]. 邓玉华,译. 版权公报,2003,(4).
[44] [澳]艾伦·费尔斯. 行政垄断的规制——中国、澳大利亚、美国和欧盟之比较[M]//王晓晔. 反垄断法实施中的重大问题. 北京:社会科学文献出版社,2010.
[45] [日]北川善太郎. 网上信息、著作权与契约[J]. 渠涛,译. 外国法译评,1998,(3).
[46] [日]北川善太郎. 著作权市场的模式——因特网上的信息与著作权[J]. 王福珍,译. 著作权,1999,(4).
[47] 曹世华. 论数字时代著作权集体管理的数字化[J]. 电子知识产权,2006,(2).
[48] 曹世华. 著作权集体管理组织版权使用费标准争议解决机制探讨[J]. 电子知识产权,2009,(1).
[49] 曹世华. 数字出版产业发展呼唤著作权集体管理现代化[J]. 中国出版,2006,(9).
[50] 董榕萍. 发展我国著作权集体管理制度的若干问题——以卡拉 OK 版权费风波为样本的分析[J]. 成都大学学报(社科版),2009,(3).
[51] 费安玲. 论著作权的权利体系构成的制度理念[J]. 科技与法律,2005,(2).
[52] 王萍. 试论网络环境下著作权的集体管理[J]. 生产力研究,2010,(2).
[53] 王乐夫,李珍刚. 论中国政府职能社会化的基本趋向[J]. 学术研究,2002,(11).
[54] 张心全. 从 TCL 与音著协纠纷案看我国的著作权集体管理[J]. 中国版权,2004,(2).
[55] 周福希,万睿. 从"卡拉 OK 版权收费"透视我国的著作权集体管理制度[J]. 广西政法管理干部学院学报,2010,(1).
[56] 许若群. 网络作品集体管理制度初探[J]. 知识产权,2002,(2).
[57] 吕睿. 我国著作权集体管理组织相关问题再探讨——新疆首例 KTV 经营者诉音像、音乐著作权管理机构案评析[J]. 石河子大学学报(哲学社会科学版),2011,(3).
[58] 宋慧献,周艳敏. 因应时代的著作权管理制度的革新——日本《著作权与邻接权管理事务法》评介[J]. 知识产权,2002,(5).
[59] 陈建清. 论我国的著作权集体管理模式——基于《著作权集体管理条例》,第七条的分析[J]. 福州大学学报(哲学社会科学版),2007,(3).
[60] 杨志军,钟瑞栋. 背景音乐收费制度与著作权法利益平衡精神[J]. 山西大学学报(哲

学社会科学版),2003,(3).

[61] 王晓晔. 入世与中国反垄断法的制定[J]. 法学研究,2003,(2).

[62] 张平. 数字图书馆建设中的法律问题及对策研究[J]. 国家图书馆学刊,2004,(4).

[63] 薛虹. 因特网上的版权及有关权保护[M]//郑成思. 知识产权文丛(第一卷).北京:中国政法大学出版社,1999.

[64] 黄煜. 试论集体管理在版权保护中的地位和作用[J]. 知识产权,1993,(3).

[65] 徐涤宇,刘辉. 著作权集体管理基础问题研究[J]. 科技与法律,2005,(2).

[66] 索来军. 数字内容产品著作权保护的应对措施[J]. 电子知识产权,2007,(3).

[67] 欧广远,张林海. 论版权集体管理组织的反垄断法规制[J]. 中州学刊,2008,(6).

[68] 赵强. 遗憾的缺位——论著作权集体管理组织的法律地位[J]. 出版发行研究,2004,(1).

[69] 李飞跃. 我国应当确立竞争性的著作权集体管理组织[J]. 山西农业大学学报(社会科学版),2009,(6).

[70] 段玉萍. 日本网络传播音乐作品集体管理经验简介[J]. 信息网络安全,2006,(3).

[71] 甄西. 日本著作权管理行业引进竞争机制[J]. 中国版权,2003,(2).

[72] 刘祥国,李正生. 数字化时代中国版权制度的现状及挑战[J]. 社会科学家,2010,(10).

[73] 崔立红,秦野. 网络时代知识产权犯罪问题研究及其对策[J]. 知识产权,2001,(4).

[74] 秦珂. 基于著作权集体管理的数字化趋势研究[J]. 情报科学,2009,(4).

[75] 肖容梅. 网络环境下著作权的法定许可与集体管理——读《关于网络环境下著作权问题的声明》有感[J]. 国家图书馆学刊,2006,(3).

[76] 林健,黄瑞华,问向荣. 网上著作权保护及其经济学分析[J]. 著作权,2000,(1).

[77] 王芝. 网络传播与著作权集体管理[J]. 知识产权,2000,(2).

[78] [美]威廉·M. 兰德斯,理查德·A. 波斯纳. 知识产权法的经济结构[M]. 金海军,译. 北京:北京大学出版社,2005.

[79] [美]罗纳德·哈里·科斯. 企业、市场与法律[M]. 盛洪,陈郁译校,上海:格致出版社,上海三联书店,上海人民出版社,2009.

[80] [美]罗伯特·考特,托马斯·尤伦. 法和经济学[M]. 第5版. 史晋川,董雪兵,等译,上海:格致出版社,上海三联书店,上海人民出版社,2010.

[81] [美]保罗·戈斯汀. 著作权之道:从谷登堡到数字点播机[M]. 金海军,译. 北京:北

京大学出版社,2008.
[82] [美]莱斯特·M. 萨拉蒙,等. 全球公民社会——非营利部门视界[M]. 贾西津,魏玉,等译. 北京:社会科学文献出版社,2007.
[83] [美]约纳森·罗森诺. 网络法——关于因特网的法律[M]. 张皋彤,等译. 北京:中国政法大学出版社,2003.
[84] [美]苏姗·K. 塞尔. 私权、公法——知识产权的全球化[M]. 董刚、周超,译. 北京:中国人民大学出版社,2008.
[85] [美]罗纳德·V. 贝蒂格. 版权文化——知识产权的政治经济学[M]. 沈国麟,韩绍伟,译. 北京:清华大学出版社,2009.
[86] [美]Jay Dratler,Jr. 知识产权许可(上、下)[M]. 王春燕,等译. 北京:清华大学出版社,2003.
[87] [美]罗伯特·P. 墨杰斯,彼特·S. 迈尔斯,马克·A. 莱姆利,等. 新技术时代的知识产权法[M]. 齐筠,张清,彭霞,等译. 北京:中国政法大学出版社,2003.
[88] [美]博登海默·E. 法理学:法律哲学与法律方法[M]. 邓正来,译. 北京:中国政法大学出版社,1999.
[89] [美]理查德·A. 波斯纳. 正义/司法的经济学[M]. 苏力,译. 北京:中国政法大学出版社,2002.
[90] [美]罗宾·保罗·马洛伊. 法律和市场经济——法律经济学价值的重新诠释[M]. 钱弘道,朱素梅,译. 北京:法律出版社,2006.
[91] [美]约翰·罗尔斯. 正义论[M]. 何怀宏,何包钢,廖申白,译. 北京:中国社会科学出版社,1998.
[92] [美]曼瑟尔·奥尔森. 集体行动的逻辑[M]. 陈郁,郭宇峰,李崇新,译. 上海:上海三联书店,上海人民出版社,1995.
[93] [美]道格拉斯·G. 拜尔,罗伯特·H. 格特纳,兰德尔·C. 皮克. 法律的博弈分析[M]. 严旭阳,译. 北京:法律出版社,1999.
[94] [美]W. 阿瑟·刘易斯. 经济增长理论[M]. 梁小民,译. 上海:上海三联书店,上海人民出版社,1994.
[95] [西]德利娅·利普希克. 著作权与邻接权[M]. 联合国教科文组织,译. 北京:中国对外翻译出版公司,2000.
[96] [澳]彼得·德霍斯. 知识财产法哲学[M]. 周林,译. 北京:商务印书馆,2008.

[97] [荷]约斯特·斯密尔斯,玛丽克·范·斯海恩德尔. 抛弃版权:文化产业的未来[M]. 刘金海,译. 北京:知识产权出版社,2010.

[98] [苏丹]卡米尔·伊德里斯. 知识产权:推动经济增长的有力工具[M]. 曾燕妮,译. 北京:知识产权出版社,2008.

[99] [德]雷炳德·M. 著作权法[M]. 张恩民,译. 北京:法律出版社,2005.

[100] [加]迈克尔·盖斯特. 为了公共利益——加拿大版权法的未来[M]. 李静,译. 北京:知识产权出版社,2008.

[101] 联合国教科文组织. 版权法导论[M]. 张雨泽,译. 北京:知识产权出版社,2009.

[102] 宁立志. 知识产权法[M].第2版.武汉:武汉大学出版社,2011.

[103]《十二国著作权法》翻译组. 十二国著作权法[M]. 北京:清华大学出版社,2011.

[104] 国家版权局. 著作权的管理和行使文论集[M]. 上海:上海译文出版社,1995.

[105] 全国人大常委会法制工作委员会民法室.《中华人民共和国著作权法》修改立法资料选[M]. 北京:法律出版社,2002.

[106] 漆多俊,冯果. 经济法学[M].第3版. 武汉:武汉大学出版社,2011.

[107] 刘剑文,熊伟. 财政税收法[M].第4版.北京:法律出版社,2007.

[108] 吴汉东. 知识产权基本问题研究(总论)[M].第2版. 北京:中国人民大学出版社,2009.

[109] 吴汉东. 中国知识产权蓝皮书(2007—2008)[M]. 北京:北京大学出版社,2009.

[110] 吴汉东. 知识产权制度基础理论研究[M]. 北京:知识产权出版社,2009.

[111] 吴汉东. 著作权合理使用制度研究[M]. 北京:中国政法大学出版社,1998.

[112] 刘茂林. 知识产权法的经济分析[M]. 北京:法律出版社,1996.

[113] 胡开忠. 知识产权法比较研究[M]. 北京:中国人民公安大学出版社,2004.

[114] 刘春田. 知识产权法[M].第4版.北京:中国人民大学出版社,2009.

[115] 李明德,许超. 著作权法[M].第2版. 北京:法律出版社,2009.

[116] 王先林. 知识产权与反垄断法:知识产权滥用的反垄断问题研究[M]. 北京:法律出版社,2001.

[117] 徐棣枫,解亘,李友根. 知识产权法——制度·理论·案例·问题[M].第2版. 北京:科学出版社,2011.

[118] 冯晓青. 知识产权法利益平衡理论[M]. 北京:中国政法大学出版社,2006.

[119] 李扬. 知识产权的合理性、危机及其未来模式[M]. 北京:法律出版社,2003.

[120] 熊琦．著作权激励机制的法律构造[M]. 北京:中国人民大学出版社,2011.
[121] 来小鹏．版权交易制度研究[M]. 北京:中国政法大学出版社,2009.
[122] 韦之．知识产权论[M]. 北京:知识产权出版社,2002.
[123] 薛虹．网络时代的知识产权法[M]. 北京:法律出版社,2000.
[124] 马俊驹,余延满．民法原论[M]. 第2版.北京:法律出版社,2005.
[125] 王亚新．社会变革中的民事诉讼[M]. 北京:中国法制出版社,2001.
[126] 杨东锴,朱严政．著作权集体管理[M]. 北京:北京师范大学出版社,2010.
[127] 周俊强．知识产权的基本理念与前沿问题[M]. 合肥:安徽人民出版社,2006.
[128] 王迁．网络环境中的著作权保护研究[M]. 北京:法律出版社,2011.
[129] 王迁．著作权法学[M]. 北京:北京大学出版社,2007.
[130] 蒋凯．中国音乐著作权管理与诉讼[M]. 北京:知识产权出版社,2008.
[131] 费安玲．著作权法教程[M]. 北京:知识产权出版社,2003.
[132] 吴振国．《中华人民共和国反垄断法》解读[M]. 北京:人民法院出版社,2007.
[133] 罗向京．著作权集体管理组织的发展与变异[M]. 北京:知识产权出版社,2011.
[134] 高德步．产权与增长:论法律制度的效率[M]. 北京:中国人民大学出版社,1999 .
[135] 王伟光．利益论[M]. 北京:人民出版社,2001.
[136] 齐爱民,周伟萌,等．著作权法体系化判解研究[M]. 武汉:武汉大学出版社,2008.
[137] 张文显．当代西方法哲学[M]. 北京:法律出版社,1994.
[138] 吴鸣．公共政策的经济学分析[M]. 长沙:湖南人民出版社,2004 .
[139] 吴伟光．数字技术环境下的版权法危机与对策[M]. 北京:知识产权出版社,2008.
[140] 周小明．信托制度比较法研究[M]. 北京:法律出版社,1996.
[141] Stallman R. Innovation and the Information Environment: Reevaluating Copyright: The Public Must Prevail[J]. 175 Oregon Law Review,1996.
[142] Uchtenhagen U. The Setting-up of Copyright Societies: Some Experiences and Reflexions [M]. Geneva: WIPO Pub. ,No. 926(E),May 2005.
[143] Olsson H. The Importance of Collective Management of Copyright and Related Rights[J]. WIPO Doc. WIPO/CR/KRT/05/4,January 2005.
[144] WIPO. WIPO Collective Management Activities[J] . WIPO Doc. PCIPD/3/5,July 2002.
[145] WIPO. Collective Administration of Copyright and Neighboring Rights,Study on and Advise for, the Establishment and Operation Organization [J]. WIPO Publication No. 688

(E),1990.

[146] WIPO. Introduction to Collective Management of Copyright and Related Rights[EB/OL]. http: //www. wipo. int/arah/en/meetings/2002/muscat-forum-ip/pdf/ iptk-mct02-i6. pdf.

[147] UNESCO. Guide to the Collective Administration of Authors' Rights 2000[EB/OL]. http://unesdoc. unesco. org/image/0012/001206/120677e. pdf.

[148] Kretschmer M. The Failure of Property Rules In Collective Administration: Rethinking Copyright Societies As Regulatory Instruments [J]. European Intellectual Property Review,2002.

[149] Gervais D. Application of an Extend Collective Licensing Regime in Canada: Principles and Issues Related to Implementation, June 2003 [EB/OL]. http://www. canadian-heritage. gc. ca/ progs/ac-ca/progs/pda-cpb/pubs/regime/regime_e. pdf.

[150] Katz A. The Potential Demise of Another Natural Monopoly Rethinking the Collective Administration of Performing Rights[J]. Journal of Competition Law & Economics, 2005, (9).

[151] Einhorn A M. Intellectual Property and Antitrust: Music Performing Rights In Broadcasting [C]. Columbia-VLA Journal of Law and the Arts, Summer, 2001.

[152] Jehoram C H. The Future of Copyright Collecting Societies[J].European Intellectual Property Review, 2001.

[153] Rosenblatt H. Copyright Assignments: Rights and Wrongs-The Collecting Societies' Perspective[J]. Intellectual Property Quarterly,2000.

[154] Schepens P. Guide to the Collective Administration of Authors' Rights[M].Paris: UNESCO Publishing,2000.

[155] Fiscor M. Collective Management of Copyright and Related Rights in the Digital Networked Enviroment[C]// Gervais D. Collective Management of Copyright and Related Rights, Kluwer Law International BV, The Netherlands, 2006.

[156] Gervais D. The Changing Role of Copyrirht Collectives[C]//Gervais D. Collective Management of Copyright and Related Rights, Kluwer Law International BV, The Netherlands, 2006.

[157] Mihaly F. Collective Management of Copyright and Related Rights [C]. Geneva:

WIPO,2002.

[158] Groves P. Copyright and Designs Law:A Question of Balance[M]. Toronto:Graham & Toronto Press,1991.

[159] Sinacore-Guinn. Collective Administration of Copyrights and Neighboring Rights:International Practices, Procedures, and Organizations [M]. Boston: Little, Brown and Company,1993.

[160] Gervais D. Collective Management of Copyright and Related Rights(2nd)[C]. Kluwer Law International,2010.

后　记

十余年前，初至珞珈，于好奇和懵懂之中开始接触、研习法学。而立之年，重回珞珈，开启博士求学生活。岁月轮回，武汉大学法学院陪伴我度过了人生中最为难忘的一段时光。

感谢我的导师宁立志教授。宁老师以宽广包容的胸怀为我的学习提供了足够的自由度，使我得以顺利完成学业，其严谨务实的治学态度、平易近人的人格魅力，令我如沐春风，并将受益终生。感谢我的硕士生导师卞祥平老师，在我攻读博士学位期间，他给予了我一如既往的关心和帮助。感谢冯果老师、熊伟老师、喻术红老师、张荣芳老师、孙晋老师，诸位老师细致入微的指点，和蔼可亲的为人，让我在求学路上倍感温馨。

感谢多年来一直默默支持我的家人。我的妻子刘蕴女士在忙于工作的同时，几乎操持了所有的家务，使我得以专心写作。小女依诺聪明可爱，带给我莫大的慰藉，祝愿她健康快乐。

王　华

2015 年 8 月